MONIQUE BOGDAHN

# Aufschieben
## WAR GESTERN!

# INHALTSVERZEICHNIS

# EINLEITUNG

Aufschieben, Prokrastination, Aufschieberitis … Es existieren viele Wörter, um das Verhalten zu beschreiben, das wir wohl alle kennen: Millionen von Menschen kämpfen jeden Tag damit, bestimmte Tätigkeiten zu vermeiden, und sind frustriert, wenn sie das, was sie sich doch schon so oft vorgenommen haben, immer und immer wieder vor sich herschieben. Hinter diesem Verhalten steckt die Versuchung, kurzfristige Befriedigung über langfristige Ziele zu stellen. Es ist ein allgegenwärtiges Phänomen, das Menschen aller Altersgruppen in den verschiedensten Lebensbereichen betrifft. Die Tatsache, dass du gerade dieses Buch in den Händen hältst, lässt vermuten, dass du höchstwahrscheinlich auch zu denjenigen gehörst, die hin und wieder mit dem Aufschieben zu kämpfen haben.

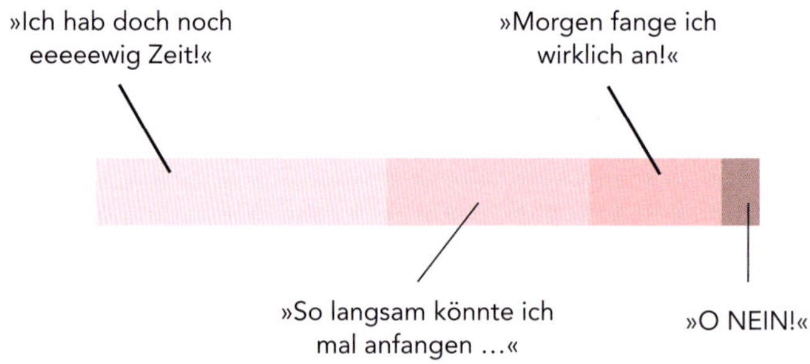


Lass dir gesagt sein: Du bist damit nicht allein! Allein auf meinem Instagram-Account @aufschieben.war.gestern folgen mir fast 100 000 Menschen, die sich regelmäßige Tipps und Impulse dazu wünschen, wie sie das ständige Aufschieben endlich hinter sich lassen können. Das zeigt einmal mehr, wie verbreitet dieses Phänomen tatsächlich ist. Denn die Sache ist die: Wenn wir hier und da mal eine Sache aufschieben, die

ohnehin nicht sonderlich wichtig ist, fällt das vermutlich nicht wirklich ins Gewicht. Wenn sich das Aufschieben hingegen wie ein roter Faden durch unser Leben zieht, kann das zur Belastung werden. Wenn die aufgeschobenen Aufgaben sich türmen, die Gedanken um wichtige Deadlines kreisen, der Stresslevel nur noch zu steigen scheint und das Wohlbefinden eine steile Kurve nach unten nimmt, ist es kein Wunder, dass wir uns wie blockiert fühlen. Durch dieses Gefühl werden wir dann erst recht unproduktiv. Und das gipfelt schließlich darin, dass wir gar nicht mehr wissen, wo wir anfangen sollen. Es fühlt sich fast so an, als würden wir uns selbst sabotieren. Mit diesem Buch gehst du den ersten und wichtigsten Schritt, um dich mit deinem Verhalten auseinanderzusetzen.

## WAS DICH IN DIESEM BUCH ERWARTET

In diesem Buch wirst du viele konkrete Tipps, praktische Werkzeuge und inspirierende Denkanstöße dazu finden, wie du endlich ins Machen kommen kannst. Du wirst lernen, an welchen Stellen du ansetzen kannst, um Stück für Stück einen angemessenen Umgang mit dem leidigen Aufschieben zu finden. Dafür werde ich dir nachhaltig wirksame Strategien

**Was ist wirksamer?**

an die Hand geben, mit deren Hilfe du Dinge in Zukunft kontrolliert in die Umsetzung bringen kannst, ohne sie davor ewig vor dir herzuschieben. Ich zeige dir, wie du deine bisherigen Vorgehensweisen und Gedanken bewusst hinterfragen kannst, um deine Aufgaben von nun an proaktiv anzupacken – sogar die superunliebsamen Dinge wie die Steuererklärung, den Frühjahrsputz oder dieses eine Projekt, das schon viel zu lange in der Warteschleife steckt.

Gemeinsam werden wir also nicht nur gegen die Symptome des Aufschiebens ankämpfen und beseitigen, was sich bei dir angesammelt hat. Wir werden vielmehr das Problem an der Wurzel packen. Stell es dir vor wie eine überlaufende Badewanne. Es ergibt natürlich keinen Sinn, permanent nur zu versuchen, das überquellende Wasser aufzuwischen. Das würde eine riesige Anstrengung bedeuten und zudem viel Stress verursachen, weil eben immer mehr Wasser nachläuft. Wir hätten das Gefühl, überhaupt nicht voranzukommen, und würden uns bald in einem echten Teufelskreis wiederfinden. Es wäre also viel vernünftiger, den Auslöser für die überlaufende Badewanne zu finden: den Wasserhahn. Erst wenn wir das Wasser abdrehen, haben wir überhaupt eine Chance, die Pfützen auf dem Boden nachhaltig zu trocknen. Genau diesen Wasserhahn wollen wir für dich in diesem Buch finden.

Lass ihn uns zusammen abdrehen, lass uns all das ganz aktiv anpacken, was du bisher aufgeschoben hast, und lass uns so nachhaltig Ordnung in deinem Kopf und auf deinen (gedanklichen) To-do-Listen kreieren. Bist du dabei? Dann kommt hier dein Fahrplan, um endlich ins Machen zu kommen und dir die Leichtigkeit zurück in dein Leben zu holen.

## DEIN FAHRPLAN FÜR MEHR MACHEN UND WENIGER AUFSCHIEBEN

In Kapitel 1 schauen wir uns an, was wirklich hinter dem Aufschieben steckt und welche Vorgänge im Gehirn dafür verantwortlich sind. Dadurch wirst du das Phänomen des Aufschiebens besser verstehen und legst quasi den Grundstein aller Veränderung.

In Kapitel 2 werden wir direkt in die Praxis einsteigen und eine klare Struktur in deinen Alltag bringen. Wir verschaffen uns einen Überblick über die Dinge, die bei dir momentan anstehen, holen Unklarheit und Chaos aus deinem Kopf und bringen sie aufs Papier. Es ist leichter loszulegen, wenn du alles schwarz auf weiß vor dir siehst.

Kapitel 3 widmet sich deinen Zielen. Wir schauen uns an, wie ein Ziel konkret aussehen sollte und was es braucht, damit du es auch wirklich erreichst. Du lernst ein praktisches Baukastenprinzip kennen, mit dem du dir deine Ziele so konkret vor Augen führst, dass sie dich garantiert motivieren werden, ins Handeln zu kommen.

Kapitel 4 widmet sich den Themen Planung und Zeitmanagement. Du lernst, wie du deine Aufgaben besser im Blick behältst und effektiv so planst, dass es dir dabei hilft, ins Machen zu kommen.

In Kapitel 5 beschäftigen wir uns mit der Selbstregulation. Wir tauchen tiefer in Denkmuster und Emotionen ein, die dem Aufschieben zugrunde liegen, und schauen uns an, wie wir uns selbst dazu bringen können, Dinge anzupacken.

In Kapitel 6 widmen wir uns deinem inneren Akku und schauen uns an, wie dieser dazu beiträgt, ins Handeln zu kommen.

Im letzten Kapitel schließlich lernst du Strategien kennen, um gegen Ablenkungen im Alltag vorzugehen und deinen Fokus dort zu halten, wo du ihn halten willst.

In jedem Kapitel warten viele praktische Übungen und Anleitungen auf dich, die dich liebevoll anstupsen, das Gelesene direkt umzusetzen, es in deinem Alltag anzuwenden und ausgiebig zu testen. Alle Vorlagen aus dem Buch findest du unter folgendem Link oder QR-Code: www.aufschiebenwargestern.de/pdfbonus

**Mein Tipp:** Scanne jetzt sofort den QR-Code, lade dir alle Vorlagen herunter und drucke sie aus. So hast du sie direkt an den jeweiligen Stellen des Buches parat und kannst das Gelesene anwenden – beste Voraussetzung also, um dein Aufschieben effektiv anzugehen.

Wenn du die Tipps in diesem Buch nur liest und dir denkst: »Hört sich gut an!«

**Effektivität:**

Wenn du anfängst, verschiedene Dinge für dich auszuprobieren.

**Effektivität:**

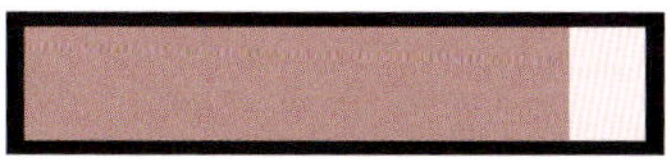

Na dann, auf geht's – lass uns direkt loslegen und den Grundstein für nachhaltige Veränderungen in deinem Alltag legen. Freu dich auf jede Menge Dinge, die du nun endlich in die Umsetzung bringen wirst (und die vielleicht schon viel zu lange darauf warten).

# KAPITEL 1
# VERSTEHE DEIN AUFSCHIEBEN

In diesem Kapitel erfährst du, ...

- ... wie sich Aufschieben in deinem Alltag zeigen kann,
- ... was der Unterschied zwischen Aufschieben und Prokrastination ist,
- ... was hinter dem Aufschieben steckt und was dabei im Gehirn passiert und
- ... warum du es schaffen kannst, das ständige Aufschieben loszuwerden, du aber geduldig mit dir sein darfst.

*»Wenn ich eine Aufgabe aufschiebe, fühlt sich das so an, als ob ich einen riesigen Felsbrocken an einer Kette mit mir durch den Alltag schleppe. Es lähmt mich regelrecht und macht mich träge.«*

Sandra, 34 Jahre, Erzieherin aus München

## AUFSCHIEBEN IN SEINER VOLLEN PRACHT

Kommt dir das bekannt vor? Anstatt das zu machen, was du dir vorgenommen hast, liegst du auf dem Sofa, starrst an die Decke (oder auf dein Handy) und machst … richtig: NICHTS! Dieses Nichtstun könnte zwar von außen betrachtet als Pause durchgehen, die deinen Akku wieder auflädt, doch wirklich erholsam ist es nicht. Klar, Aufschieben ist nun mal keine erholsame Pause. Deine Gedanken kreisen nämlich dennoch um die Dinge, die du eigentlich tun wolltest. Dein schlechtes Gewissen wächst und ein leichter Zeitdruck macht sich auch breit. Vielleicht versuchst du dir selbst noch zu versichern, dass du die Aufgabe ganz sicher später angehen wirst (allerspätestens morgen). Insgeheim kommen dir daran aber schon jetzt Zweifel. Du schwebst also in einer Art Zwischenzustand: Du kannst dich trotz Nichtstun weder richtig entspannen, noch kommst du irgendwie voran.

Darf ich vorstellen: Das wohl »unlogischste« Szenario, das Aufschieben annehmen kann. Während die einen nichts tun und grübeln, neigen andere eher dazu, sich weniger wichtigen Dingen zu widmen. Hast du dich auch schon mal dabei ertappt, den kompletten Kleiderschrank neu zu sortieren, die Fenster zu putzen oder die Wohnung zu dekorieren, anstatt dich an ein wichtiges Projekt zu setzen?

Dann »Bingo!«. Egal welche Form das Aufschieben von Dingen bei dir annimmt, eins haben sie alle gemeinsam: Du kommst nicht mit den Dingen voran, die du dir vorgenommen hast. Anlass genug, hier einmal in dich zu gehen.

## DU BIST DRAN!

*Stelle dir einen Timer auf 5 Minuten.*
*Denke innerhalb dieser Zeit bewusst über die zwei folgenden Fragen nach und mache dir ein paar Notizen.*

Welche Art von Aufgaben schiebst du am häufigsten auf? Notiere Beispiele, etwa für Prüfungen lernen, Telefonate führen, eine Gewohnheit verändern, wichtige Projekte mit Deadline angehen.

Was machst du statt der aufgeschobenen Sache? Notiere auch hier Beispiele, etwa durch soziale Medien scrollen, nichts tun und grübeln, den Haushalt.

## AUFSCHIEBEN VS. PROKRASTINATION

In welchen Situationen sprechen wir eigentlich von Aufschieben? Und ist Prokrastination das Gleiche wie Aufschieben? Nun, nicht ganz. Von Aufschieben ist dann die Rede, wenn wir den Erledigungszeitpunkt einer Sache, die wir uns vorgenommen haben, einmal oder mehrmals nach hinten verschieben. Meist sind das natürlich die etwas unangenehmeren oder schwierigen Aufgaben wie

- Dinge, die den Haushalt betreffen,
- alles, was mit Steuern zu tun hat,
- größere berufliche oder private Projekte,
- Lernen für Prüfungen,
- Telefonate,
- Abnehmen und Ernährungsumstellung oder
- Arzttermine.

Oft neigen wir aber auch dazu, genau die Dinge immer wieder aufzuschieben, die uns eigentlich guttun würden, etwa

- erholsame Pausen und aktive Entspannung,
- Zeit für uns selbst oder
- die Umsetzung von Träumen, Wünschen und Zielen.

Stattdessen widmen wir uns anderen Tätigkeiten, lenken uns ab oder verlieren uns in irgendwelchen Vorbereitungen, die die Sache betreffen. Damit können wir uns wahrscheinlich alle hin und wieder identifizieren. Solange man selbst es nicht als Einschränkung im Alltag ansieht, ist das auch nicht weiter problematisch.

## Die Folgen machen den Unterschied

Aufschieben wird zu Prokrastination, wenn wir durch unser Verhalten in unserem Alltag permanent negative Konsequenzen erfahren, zum Beispiel

- Gefühle wie Unwohlsein, Anspannung, Stress, Unzufriedenheit, Druck,
- Verpassen von wichtigen Deadlines,
- negative Konsequenzen im Job, Studium oder sozialen Umfeld oder
- finanzielle Probleme.

Wenn das Aufschieben also extrem wird, im Alltag ständig präsent ist und eine starke Belastung darstellt, spricht man von Prokrastination. Die Abgrenzung zwischen Aufschieben und Prokrastination ist nicht immer glasklar. Das muss sie aber auch gar nicht sein. Sofern du dich in den beschriebenen Verhaltensweisen wiedererkennst, den Willen hast, etwas daran zu ändern, und dich in der Lage fühlst, selbstständig daran zu arbeiten, begleite ich dich gerne auf diesem Weg.

Belastet dich dein Aufschieben jedoch sehr stark oder schränkt dich im Alltag übermäßig ein, konnte auch eine Erkrankung dahinterstecken, die sich symptomatisch im Aufschieben zeigt. In dem Fall empfehle ich dir von Herzen, individuelle ärztliche oder psychologische Hilfe in Anspruch zu nehmen.

## DEINE GENE SIND NICHT SCHULD!

»Ich bin ein hoffnungsloser Fall! Ich war schon immer ein Aufschieber und werde es auch immer sein. Ich glaube, es liegt einfach in meinen Genen!« Solche oder ähnliche Aussagen höre ich immer wieder. Vielleicht kennst auch du Gedanken wie diese und fühlst dich so, als könntest du das nervige Aufschieben niemals loswerden, weil es einfach »in dir steckt«? Stellen wir das Ganze also zunächst einmal für dich richtig:

**Es gibt *kein* gemeines Prokrastinations-Gen!**

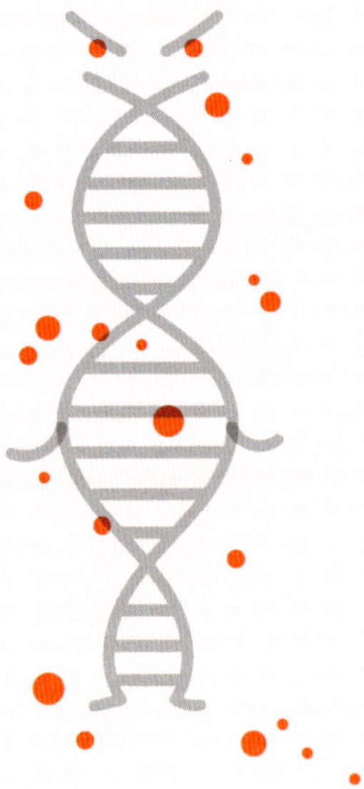

Ist das nicht eine gute Nachricht? Doch wenn Aufschieben nicht in unseren Genen liegt, woher kommt dieses Verhalten dann? Woran liegt es, dass wir allzu oft einfach nicht das tun, was wir uns doch so fest vorgenommen hatten?

## Gefangen zwischen Wollen und Tun

Zwischen unserer guten Absicht und unserem tatsächlichen Verhalten gibt es leider oft eine Lücke. Sie kann von Person zu Person unterschiedlich groß ausfallen. Man nennt sie auch »Intention-Action-Gap«, auf Deutsch: »Intentions-Verhaltens-Lücke«.

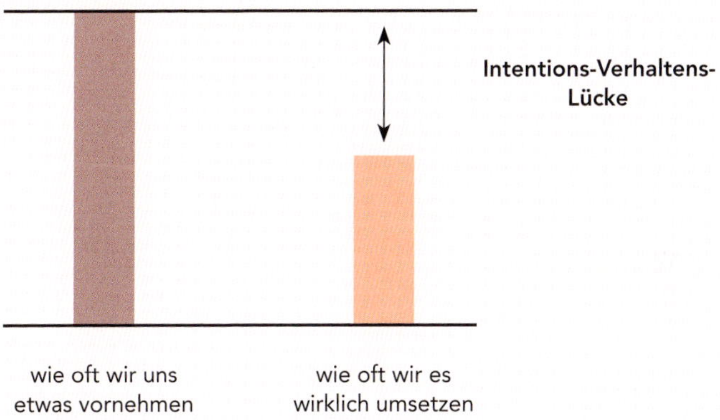


Die Gründe, wie diese Lücke in unserem Alltag zustande kommt, sind vielfältig. Manchmal sind es äußere Umstände wie unzureichende Planung, ein ungünstiges Zeitmanagement oder bestimmte Ablenkungen, die es uns immer wieder schwer machen, das umzusetzen, was wir uns vorgenommen haben.

In den meisten Fällen sind jedoch (zumindest auch) innere Faktoren dafür verantwortlich, etwa bestimmte Gedanken und Gefühle, die uns einfach nicht ins Handeln kommen lassen.

Aber warum ist das so? Woran liegt es, dass unser innerer Dialog unsere Handlungen maßgeblich negativ beeinflusst? Schließlich wissen wir doch, dass es besser wäre, die Aufgabe in Angriff zu nehmen. Warum reden wir es uns dann im nächsten Moment wieder aus? Das Schlüsselwort lautet hier: Emotionen. Schauen wir uns das einmal etwas näher an.

## SO HALTEN DICH DEINE GEDANKEN UND EMOTIONEN ZURÜCK

Liegt eine Aufgabe vor uns, ist das mit einer Emotion verknüpft: So freuen wir uns beispielsweise auf die eine Aufgabe, während uns die andere schon im Vorhinein Angst macht, stresst oder langweilt.
Die Art und Weise, wie wir mit diesen Emotionen umgehen, kann einen großen Einfluss darauf haben, ob wir die Aufgabe aufschieben oder nicht. Wenn wir uns zum Beispiel auf eine Herausforderung freuen, sind wir oft motiviert und voller Energie, die Aufgabe anzugehen. In solchen Fällen neigen wir natürlich weniger dazu, sie aufzuschieben.
Auf der anderen Seite kann uns zum Beispiel die Angst vor möglichem Versagen oder vor der Schwierigkeit einer Aufgabe sprichwörtlich lähmen und uns davon abhalten, den ersten Schritt zu machen. Manchmal erscheint uns eine Aufgabe auch so groß, dass wir gar nicht wissen, wo wir anfangen sollen. Oder es handelt sich um eine so langweilige Aufgabe, dass uns einfach die Lust fehlt loszulegen. Indem wir die Aufgabe dann aufschieben, entkommen wir dem unangenehmen Gefühl und vermeiden vorerst das Unbehagen, das damit verbunden ist.
Wenn man das so liest, klingt das zunächst ja auch erst mal nachvollziehbar, oder? Warum sollten wir uns schlecht fühlen, indem wir uns diesen unangenehmen Emotionen stellen, wenn wir uns auch gut fühlen können, indem wir etwas weniger Unangenehmes tun?

## DU BIST DRAN!

*Es ist Zeit, dich aktiv mit deinen Gefühlen deinen Aufgaben gegenüber auseinanderzusetzen. Beantworte hierfür die folgenden Fragen.*

Notiere eine Aufgabe, die du in letzter Zeit aufgeschoben hast, etwa die Steuererklärung oder ein bestimmtes Telefonat.

______________________________

Wie fühlst du dich, wenn du diese Tätigkeit auf deiner To-do-Liste siehst? Kreuze an oder versuche dein Gefühl zu benennen.

- [ ] genervt
- [ ] unwohl
- [ ] angespannt
- [ ] gestresst
- [ ] unzufrieden
- [ ] unter Druck
- [ ] ängstlich
- [ ] überfordert
- [ ] ______________
- [ ] ______________

Warum hast du dich dieser Aufgabe bisher noch nicht gewidmet?

______________________________

______________________________

## UND DAS PASSIERT IM GEHIRN

Schauen wir uns einmal an, wie unser Gehirn nun auf diese unangenehmen Aufgaben reagiert. Es gibt zwei Anteile in unserem Gehirn, die in unangenehmen Situationen miteinander konkurrieren: das limbische System und der präfrontale Cortex. Im limbischen System entstehen unter anderem Emotionen und es werden Sinneseindrücke verarbeitet. Dieser Teil des Gehirns lebt im Hier und Jetzt und reagiert blitzschnell und instinktiv auf das, was unmittelbar vor uns liegt (etwa eine verlockende Netflix-Serie, eine leckere Schokotorte oder eben eine kleine, leichte Aufgabe, die schnellen Erfolg verspricht). Hinzu kommt: Er ist evolutionär gesehen viel älter als der präfrontale Cortex. Der entwickelte sich nämlich erst als letzte Hirnregion, nahm jedoch anschließend enorm an Größe zu. Der präfrontale Cortex ist etwa zuständig für logisches und strategisches Denken, langfristige Pläne, Vernunft, Impulskontrolle, Entscheidungen und für unsere Fähigkeit, die eigenen Gedanken zu kontrollieren. Er hilft uns also, unsere langfristigen Ziele zu erreichen (eben nicht die Serie schauen, wenn wir lernen müssten, auf die Schokotorte zu verzichten, wenn wir an Gewicht verlieren wollen, oder eine zielrelevante Aufgabe der kleinen, leichten Aufgabe vorziehen). Dabei agiert er jedoch weitaus langsamer als das limbische System – schließlich lernt er bildlich gesprochen noch immer das Laufen, während das limbische System bereits erste Marathonerfahrungen hinter sich hat. Liegt nun eine schwierige oder komplizierte Aufgabe vor uns, ist die erste Reaktion unseres Gehirns im Sinne des limbischen Systems also oft: »O nein! Das mach ich später!«

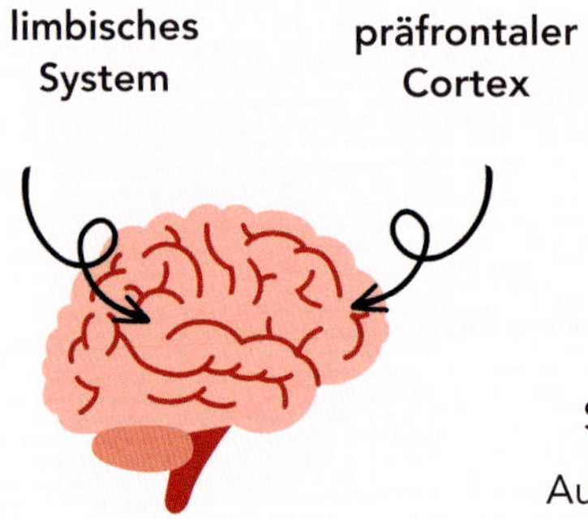

## Was muss geschehen, damit wir die Aufgabe trotzdem angehen?

Um dennoch ins Handeln zu kommen, muss sich der vernünftige präfrontale Cortex einschalten. Er ist maßgeblich für unsere Fähigkeit verantwortlich, die entsprechenden Emotionen zu regulieren, damit wir uns trotzdem an die Aufgabe begeben. Er erinnert sich beispielsweise daran, dass wir mit dieser Aufgabe langfristige Ziele verfolgen und dass wir durchaus alles mitbringen, was es braucht, um diese Aufgabe zu erledigen.
Je stärker der präfrontale Cortex ist, desto besser leistet er seine Überzeugungsarbeit und desto leichter fällt es uns, Aufgaben trotz anfänglicher Abneigung oder Angst anzupacken. Das heißt, auch wenn es natürlich leichter ist, eine Sache aufzuschieben, kann uns unser präfrontaler Cortex dazu bringen, sie trotzdem zu tun. Du wirst in Kapitel 5 noch in Form einer konkreten Schritt-für-Schritt-Anleitung erfahren, wie du mit den Emotionen, die deinen Aufgaben entgegenstehen, umgehen kannst. Damit du jedoch direkt einen konkreten Impuls bekommst, den du im Alltag ausprobieren kannst, habe ich hier eine wirkungsvolle Miniübung für dich.

## Dein erster Schritt in Richtung Umsetzung

Wenn du das nächste Mal vor einer unliebsamen Aufgabe stehst, die du eigentlich angehen wolltest, und deine erste Reaktion lautet: »Das mache ich jetzt nicht«, könntest du kurz innehalten, den Gedanken hinterfragen und deinen präfrontalen Cortex dann liebevoll, aber bestimmt antworten lassen: »Einen Moment. Lass uns nicht direkt aufgeben, sondern stattdessen in kleinen Schritten vorgehen. Wir werden ein gutes Gefühl haben, wenn wir ins Handeln gekommen sind, 15 Minuten schaffen wir, oder?« Je öfter du dieses Verhalten wiederholst, desto mehr kann es sich in Zukunft verfestigen.

## DIE GESCHICHTE VON DEN FLIEGEN IM GLAS

Ich möchte dir eine kleine Geschichte erzählen: Es war einmal ein Junge, der sich einen Spaß daraus machte, Fliegen zu fangen. Er setzte sie in ein Glas, bohrte Löcher in den Deckel und schraubte das Glas zu. Anfangs flogen die Fliegen wild in dem Glas herum und versuchten, einen Ausweg aus dem Glas zu finden. Nach einiger Zeit stellte der Junge jedoch fest, dass die Fliegen aufgehört hatten zu fliegen. So öffnete er das Glas, um sie wieder freizulassen. Doch selbst als der Deckel entfernt wurde und es für die Fliegen ein Leichtes gewesen wäre zu entkommen, blieben sie im begrenzten Raum des Glases. Sie hatten gelernt: Es gibt keinen Ausweg. So versuchten sie nicht einmal mehr zu entkommen.

Wir verhalten uns manchmal wie ebenjene Fliegen im Glas, wenn wir denken: »Ich bin ein Aufschieber. So war es immer und so wird es auch jetzt sein. Es hat keinen Sinn, dagegen anzugehen.« Wir glauben einfach nach einigen Versuchen nicht mehr, dass wir es schaffen können, unser Verhalten zu ändern. Wir haben es schließlich schon oft versucht und sind gescheitert. Weißt du, was dadurch gelitten hat? Unsere Selbstwirksamkeit.

## DU BIST DRAN!

*Selbstwirksamkeit beschreibt unsere innere Überzeugung davon, dass wir aus eigener Kraft Herausforderungen erfolgreich bewältigen können. Allerdings lassen wir genau das so oft außer Acht. Dabei entwickeln wir uns stetig weiter. Oder es ändern sich die Umstände – wie bei den Fliegen im Glas, dessen Deckel plötzlich entfernt wurde. Zudem sammeln wir jeden einzelnen Tag neue Erfahrungen und neues Wissen. Und manchmal ist genau das der springende Punkt, der uns diesmal erfolgreich sein lässt.*

Notiere mindestens drei Situationen, die du gemeistert hast, obwohl du zu Beginn nicht wusstest, wie es geht, oder Angst davor hattest zu versagen. (Beispiele: »Ich habe die mündliche Prüfung meines Abiturs bestanden, obwohl ich solche Angst hatte«, »Ich habe das Projekt zu Ende geführt, obwohl ich am Anfang total überfordert war«, »Ich habe die Steuererklärung pünktlich erledigt, obwohl ich mich erst überhaupt nicht dazu aufraffen konnte«)

## KLEINE SCHRITTE SCHAFFEN ERFOLG

Immer dann, wenn wir etwas nicht tun, das wir uns vorgenommen haben, wirkt es sich negativ auf unsere Selbstwirksamkeit aus. Wir müssen also unser Gehirn wieder davon überzeugen, dass wir Dinge durchaus umsetzen können. Das gelingt am besten, indem wir bewusst Erfolgserlebnisse schaffen. Denn je öfter sich der Gedanke in uns einpflanzt, dass wir etwas schaffen können, desto besser. Erfolg schafft Erfolg. Und mit jedem Erfolg steigt auch unsere Selbstwirksamkeit Schritt für Schritt wieder an. Dabei ist es übrigens vollkommen egal, wie klein der Schritt ist, den wir gehen. Kontinuität schlägt Intensität! Das bedeutet: Jeden Tag eine Kleinigkeit zu tun, ist besser, als gar nichts zu tun. Hauptsache, wir tun es. Stell dir vor, du wendest jeden Tag nur 10 Minuten für ein lange aufgeschobenes Ziel auf, vor dem du riesigen Respekt hast. Das ist ein Anfang und besser, als nichts zu unternehmen.

**Jeden Tag eine Kleinigkeit zu tun,
ist besser, als gar nichts zu tun!**

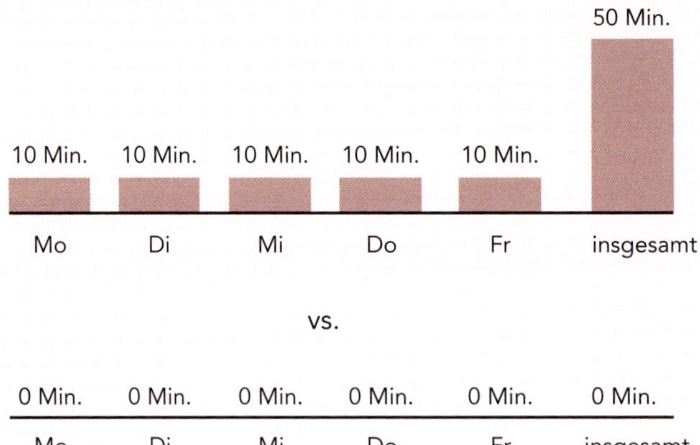

## DU BIST DRAN!

*Um Selbstwirksamkeit aufzubauen und mit Schwung ins Handeln zu kommen, sind folgende Mini-Challenges perfekt geeignet. Der Clou: Sie nehmen jede für sich nur ein paar Minuten pro Tag in Anspruch und hinterlassen dennoch ein befreiendes Erfolgsgefühl. Mache die folgenden kleinen Challenges in den nächsten sieben Tagen und genieße das Gefühl, Dinge zu erledigen, die du dir vorgenommen hast. Hake anschließend ab, was du erledigt hast!*

- [ ] **Tag 1:** Miste heute fünf Dinge aus deinem Zuhause aus.
- [ ] **Tag 2:** Nimm dir eine Schublade in deinem Zuhause vor und räume sie auf.
- [ ] **Tag 3:** Nimm dir 10 Minuten Zeit und lösche alte Screenshots oder Fotos auf deinem Handy.
- [ ] **Tag 4:** Vereinbare einen aufgeschobenen Arzttermin.
- [ ] **Tag 5:** Räume deine Geldbörse auf.
- [ ] **Tag 6:** Nimm dir 10 Minuten Zeit, um dich um aufgeschobene E-Mails zu kümmern.
- [ ] **Tag 7:** Widme dich 10 Minuten lang deinen Unterlagen und hefte herumliegende Papiere in die jeweiligen Ordner.

Lust auf mehr? Lade dir die 7-Tage-Challenge als Plan herunter (s. Seite 9) und kreiere so Woche für Woche deine eigenen Mini-Challenges.

## BLEIB REALISTISCH!

Natürlich erwarten manche Projekte oder Situationen größere Schritte von dir und es ist mit 10 Minuten pro Tag nicht getan. Um nicht wieder im alten Muster »Aufschieben« zu landen und deine Selbstwirksamkeit weiterhin stetig zu pushen, anstatt zu limitieren, habe ich noch einen wichtigen Hinweis für dich: Bleib realistisch und passe deine Erwartungshaltung von vornherein an. Aus unzähligen eigenen Erfahrungen und denen meiner Kundinnen und Kunden kann ich dir sagen: Du wirst nicht jeden Tag »erfolgreich« sein. Es wird Rückschläge geben. Und manchmal wirst du nicht alles von dem schaffen, was du dir vorgenommen hast, obwohl du es doch so sehr versucht hast. Rechne von vornherein damit. Diese Einstellung wird dir dabei helfen, trotzdem für deine Ziele loszugehen. Am Ende des Tages hängt unser Wert nicht von der Liste der Dinge ab, die wir erledigt haben. Und das dürfen wir uns durchaus hin und wieder bewusst machen.

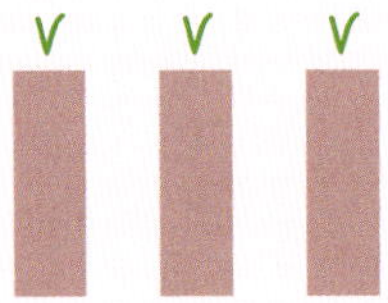

Du möchtest jeden Tag 100 % erreichen.

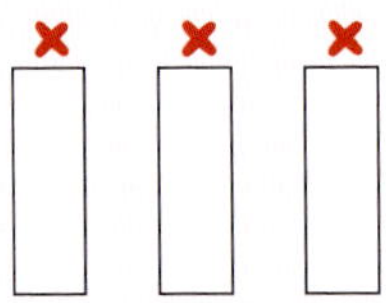

Dadurch fühlst du dich wie gelähmt und machst … nichts.

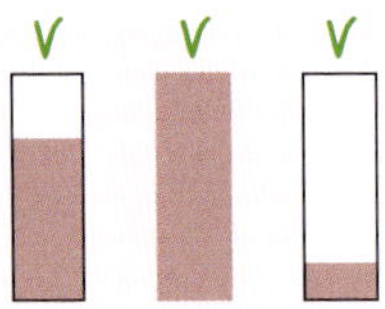

Besser wäre es zu akzeptieren, dass du nicht jeden Tag gleich erfolgreich sein kannst.

## DU BIST DRAN!

*Hier kommen ein paar Sätze, die wir uns typischerweise sagen, wenn wir denken, »versagt« zu haben – und zudem Ideen, was wir uns stattdessen sagen könnten. Ergänze eigene Sätze.*

| Statt … | Versuch es doch mal mit … |
|---|---|
| »Es ist schon nachmittags und ich habe wieder einmal nicht das umgesetzt, was ich mir vorgenommen habe. Das ist so typisch für mich.« | »Nur weil ich jetzt noch nicht ins Tun gekommen bin, heißt es nicht, dass ich es nicht schaffen kann. Der Tag ist noch nicht vorbei und ich starte mit einem einzigen kleinen Schritt, der mir leichtfällt. Ich kann es schaffen.« |
| »Ich habe gerade einmal die Hälfte von dem geschafft, was ich eigentlich erledigen wollte. Ich bin so eine Versagerin.« | »Auch wenn ich nicht alles geschafft habe, bin ich dennoch vorangekommen. Ich überprüfe, ob ich mir zu viel vorgenommen habe und was ich ändern kann.« |
| »Da ist der Beweis: Ich habe die Aufgabe schon wieder auf morgen verschoben. Ich bin einfach so, daran wird sich nie etwas ändern.« | »Ich arbeite noch daran, diese Verhaltensweise in den Griff zu bekommen. Es ist normal, dass nicht alles von Anfang an perfekt klappt.« |
| | |

# KAPITEL 2 GEWINNE EINEN ÜBERBLICK

In diesem Kapitel erfährst du, …

- … wie du dir einen Überblick darüber verschaffst, was bei dir alles ansteht,
- … wie du deine Prioritäten kennenlernst und herausfindest, was wichtig ist und was jetzt Sinn ergibt und
- … wie du einen bewussten Entschluss für eine Sache fassen kannst.

Genieße anschließend das Gefühl, endlich wieder Ordnung in deinem Kopf zu haben.

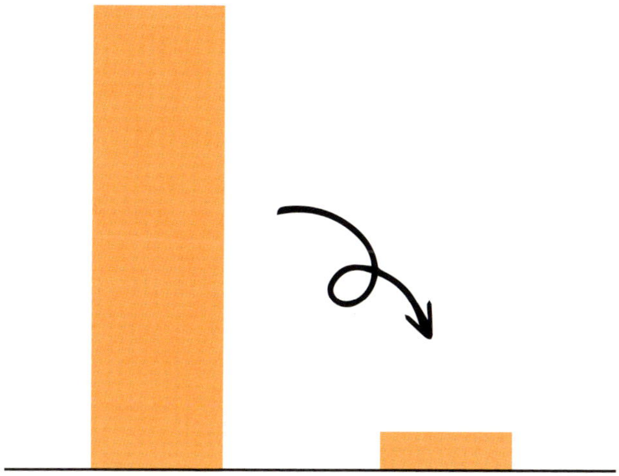


*»Wenn ich eine Aufgabe dann nach gefühlten fünf Monaten endlich erledigt habe, denke ich mir total oft: ›Das ging jetzt so schnell! Warum hast du das nicht schon früher erledigt und stattdessen ewig mit dir herumgeschleppt?‹«*

Melina, 22 Jahre, Studentin aus Leipzig

## SO BÄNDIGST DU DAS CHAOS IN DEINEM KOPF

Allzu oft stehen gefühlt unendlich viele Dinge auf unserer To-do-Liste. Unser Alltag ist von so vielen Aufgaben, Projekten, Ideen und Dingen gespickt, die alle darauf warten, endlich umgesetzt zu werden. Hier klebt ein Notizzettel, da steht eine Kalendernotiz – nicht zu vergessen all die vielen Dinge, die wir gar nicht aufgeschrieben haben, weil wir »schon dran denken werden«. Kurzum: Es herrscht Unklarheit in unseren Angelegenheiten und damit auch ganz besonders in unserem Kopf! Bei genauerer Betrachtung birgt unsere To-do-Liste übrigens nicht nur Dinge wie die Schwiegermutter anrufen oder einen Kuchen fürs Kitafest backen. Sondern es sind auch oft so viele schöne Dinge in unserem Kopf, die wir gerne umsetzen würden und die uns wirklich guttun und glücklicher machen würden.

Dabei ist es mit unseren Aufgaben ein bisschen so wie mit einem Onlineshop: Zu viele Optionen wirken wie eine Betäubung. Ist die Auswahl zu groß, schleichen wir um die Sachen herum, packen mehr in unseren »Warenkorb«, als wir uns eigentlich leisten können, und wissen dann überhaupt nicht mehr, was wir zuerst angehen sollen.

Am liebsten wollen wir natürlich alles gleichzeitig, und so enden wir häufig darin, gar nichts zu machen. Denn wir können nun mal nicht alles gleichzeitig tun!

Was vielen von uns fehlt, ist ein klares System, mit dem wir unsere Angelegenheiten verwalten und das uns dabei hilft, den Überblick zu behalten.

## In drei Schritten zu mehr Klarheit

Wir wissen ja bereits, dass unser Gehirn uns unangenehme Gefühle gerne ersparen möchte. Deswegen sind Unklarheit in Bezug auf wichtige Aufgaben, Verwirrung darüber, was in unserem Alltag ansteht, und permanente Überforderung absolut kontraproduktiv, um Dinge in die Umsetzung zu bringen. Kein Wunder also, dass uns unser Gehirn dann lieber zu etwas hinlenken möchte, das uns angenehmere Gefühle verspricht. Unsere Lieblingsserie zum Beispiel. Und an diesem Punkt können wir ohne Weiteres ansetzen, unser Gehirn entlasten und dadurch das Risiko, Dinge aus diesen genannten Gründen aufzuschieben, schon mal ein Stück weit verringern. Lass uns dafür die Unklarheit, Überforderung, Verwirrung und das mulmige Gefühl der Unsicherheit also in das Gegenteil umwandeln: in Klarheit und Entschlossenheit!

Und so geht's: Auf den nächsten Seiten widmen wir uns im Detail den folgenden drei Schritten, um mehr Klarheit in unseren Kopf zu bringen.

1 | **Überblick verschaffen**
Was ist zu tun? Was sind meine anstehenden Aufgaben, Projekte, Termine? Wie halte ich diese fest?

2 | **Prioritäten setzen**
Was ist (mir) wirklich wichtig?
Was kann guten Gewissens warten?

3 | **Entschluss fassen**
Warum ist es wichtig, einen klaren Entschluss zu fassen? Und wie mache ich das?

## SCHRITT 1: VERSCHAFFE DIR EINEN ÜBERBLICK

In diesem ersten Schritt identifizieren wir, was überhaupt alles in deinem Alltag ansteht. Hierbei lautet die Devise: Alles soll raus aus dem Kopf! Je weniger unser Gehirn ständig damit beschäftigt sein muss, an alles zu denken, was ansteht oder was wir irgendwann mal angehen wollen, desto entspannender wirkt das auf uns und desto mehr geistige Kapazitäten haben wir dann für die Umsetzung dieser Dinge frei.

Deswegen ist es sinnvoll, eine Art persönliche Kommandozentrale einzurichten, die alle Dinge, die es umzusetzen gilt, übersichtlich festhält. Du wirst feststellen, dass das ein echter Gamechanger ist!

Bitte lass dich nicht von der Masse an Dingen demotivieren, die du eventuell zutage förderst. Wie gesagt, diese Dinge existieren ja sowieso, nur eben bisher ausschließlich in deinem Kopf. Es geht auch keinesfalls darum, all diese Dinge auf einmal zu erledigen. Einziges Ziel ist es, eine strukturierte Übersicht zu erstellen, die den Kopf entlastet. Dafür unterteilen wir unsere Angelegenheiten in drei Hauptpunkte: Termine, Projekte/Vorhaben und Aufgaben.

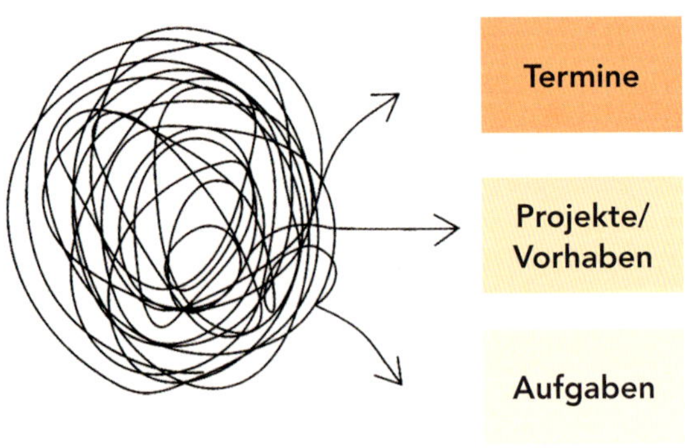

## Das hast du davon

Wenn du Ordnung und ein zuverlässiges System in die Bereiche Termine, Projekte/Vorhaben und Aufgaben bekommst, dann wird dir das immens dabei helfen, Unklarheit und Verwirrung zu vermeiden. Denn du hast nun jederzeit eine übersichtliche Darstellung aller laufenden Projekte, Aufgaben und Termine. Das erleichtert insbesondere die Wochen- und Tagesplanung erheblich, denn du musst dir nun nicht mehr alles auf deine heutige To-do-Liste schreiben, um es nicht zu vergessen – das führt nämlich viel zu oft zu großer Überforderung aufgrund der Masse an Punkten, die dort dann auf einmal stehen. Mit einem zuverlässigen System an deiner Seite weißt du, es ist alles festgehalten, und du kannst dir die Dinge raussuchen, die für den jeweiligen Tag oder die jeweilige Woche Sinn ergeben und realistisch zu bewältigen sind. Fantastischer Nebeneffekt: Du fühlst dich generell entspannter. Sieh dein eigenes System also als absoluten Alltagshelfer an und nutze es konsequent.

Noch ein Hinweis: Ich zeige dir auf den folgenden Seiten gewissermaßen die absoluten Basics eines solchen Systems. Erweitere es gerne jederzeit nach deinen eigenen Bedürfnissen und passe es nach und nach für dich und deinen Alltag an.

## ÜBERBLICK ÜBER DEINE TERMINE

Zunächst kümmern wir uns um deine Termine. Das sind feststehende Einheiten deines Alltags. Egal ob Arzttermin, Urlaub oder Sport der Kinder – es ist wichtig, dass du all deine Termine festhältst, um dein Gehirn zu entlasten und die Angst loszulassen, du könntest irgendetwas vergessen. Zudem hilft es dir dabei, deine im Alltag zur Verfügung stehende Zeit besser einzuschätzen und optimal zu nutzen.
Das wichtigste Gebot dabei lautet: Einheitlichkeit. Das bedeutet, es ist wichtig, alle Termine in *einem* System zu speichern. Das ermöglicht es dir jederzeit, einen zuverlässigen Überblick über das zu haben, was ansteht. Schluss mit Terminkärtchen in Handtaschen, Handynotizen und Schmierzetteln zwischen deinen Unterlagen!
Grundsätzlich gibt es zwei gute Möglichkeiten, deine Termine festzuhalten:

- in einem digitalen Kalender (Kalender-Apps für Handy, Tablet, PC) oder

- in einem analogen Kalender (Taschenkalender, Kalenderblock, Familienplaner etc.).

Auf der rechten Seite habe ich einen kleinen »Test« für dich zusammengestellt, mit dem du herausfinden kannst, ob du eher Typ digital oder Typ analog bist. Hinweis: Halte dich nicht zu lange mit der Entscheidung auf, wie genau du deine Angelegenheiten festhalten willst. Überlege, welches System sich besser in deinen Alltag einfügt, und entscheide dich dann. Komme nicht ins Aufschieben, weil du eine perfekte Entscheidung treffen willst. Du kannst es nicht falsch machen! Wenn du später doch merken solltest, dass das von dir gewählte System unpraktisch ist, kannst du es einfach nachträglich in ein anderes System übertragen.

## DU BIST DRAN!

*Mit welchem System zur Verwaltung deiner Angelegenheiten arbeitest du am liebsten? Kreuze an, welche Punkte dir besonders wichtig sind. Überprüfe anschließend, auf welcher Seite du mehr Kreuze gesetzt hast. So fällt dir die Entscheidung für eines der beiden Systeme leichter.*

### Digitaler Kalender

- [ ] Erinnert dich automatisch bei anstehenden Terminen.
- [ ] Kann mit anderen Geräten und Personen synchronisiert werden.
- [ ] Wiederkehrende Termine lassen sich mit einem Klick einstellen.
- [ ] Es können mehrere Themenbereiche angelegt werden (etwa beruflich und privat).
- [ ] Terminverschiebungen lassen sich leicht festhalten.

### Papierkalender

- [ ] Du bist unabhängig von technischen Geräten und Stromversorgung.
- [ ] Du kannst deine Termine im Alltag leicht sichtbar halten.
- [ ] Du kannst handschriftliche Notizen einfügen.
- [ ] Es droht weniger Ablenkung als bei digitalen Geräten.
- [ ] Es kann entspannend wirken, Dinge in einen Papierkalender einzutragen.

Übertrage nun alle Termine (Geburtstage, Arzttermine, Urlaub, Schließtage Kinderbetreuung, Verabredungen, Sportkurse, Prüfungstermine etc.), die auf Zetteln oder in deinem Kopf herumschwirren, in dieses eine System, für das du dich entschieden hast.

## ÜBERBLICK ÜBER DEINE PROJEKTE UND VORHABEN

Na, fühlst du dich schon ein wenig leichter, jetzt, da du deine Termine organisiert hast? Als Nächstes wollen wir das Gleiche mit unseren Projekten und Vorhaben tun. Gemeint sind damit größere, umfangreichere Aufgaben, die mehrere Teilaufgaben oder Aktivitäten beinhalten, beispielsweise eine neue Sprache lernen, Frühjahrsputz, einen neuen Job finden, die Wohnung oder das Haus renovieren, die Ernährung umstellen, ein Projekt im Beruf umsetzen, eine Studienarbeit schreiben, ein Buch schreiben, ein neues Hobby suchen, eine neue Fähigkeit erlernen, ein Fest planen …

Entscheide dich auch hier zunächst, wie du deine Projekte und Vorhaben festhalten willst. Entscheidest du dich für die digitale Variante, stehen dir verschiedene Apps zur Verfügung, etwa Notion, Excel oder Trello. Bist du eher ein Fan von analogen Systemen, kannst du einzelne Listen, Mappen oder Schnellhefter für deine verschiedenen Projekte anlegen. In ihnen kannst du alle Infos sammeln, die du dafür benötigst.

Um optimal ins Tun zu kommen, ist es hilfreich, eine klare Übersicht über aktuelle und eventuelle zukünftige Projekte zu haben – und diese auch regelmäßig durchzusehen und zu aktualisieren. Die Devise ist hier die gleiche wie bei den Terminen: Indem du alle Dinge festhältst und sie dir damit vor Augen führst, entlastest du dein Gehirn. Denn alles, was wir versuchen im Kopf zu behalten, verschwindet nur allzu gerne irgendwann von der Bildfläche und gerät in Vergessenheit.

Auf der rechten Seite habe ich dir zur Inspiration eine beispielhafte Projektübersicht abgebildet.

## So kann deine Projektübersicht aussehen

**Projekttitel:**

Arbeitszimmer renovieren und neu gestalten

**Startdatum:** 26. Januar

**Deadline:** –

**Infos:**

Farbschema: blau und beige
mögliche Helfer: Papa und Leon

**Projektbezogene Aufgaben:**

- [ ] Zimmer ausmessen
- [ ] Möbel bestellen zum 29.1.
- [ ] Helfer organisieren
- [ ] Farbe und Pinsel kaufen
- [ ] Zimmer ausräumen
- [ ] streichen
- [ ] Möbel aufbauen
- [ ] Deko kaufen

## DU BIST DRAN!

*Lade dir die Projektübersicht in Blankoform herunter (s. Seite 9), drucke sie für jedes deiner Projekte einmal aus und ergänze Infos und projektbezogene Aufgaben.*

## ÜBERBLICK ÜBER DEINE AUFGABEN

Nun, da wir einen Überblick über unsere Termine und Projekte und Vorhaben haben, kümmern wir uns im letzten Schritt um alle anderen Dinge, die im Alltag so anstehen. Als Aufgaben definiere ich alle Tätigkeiten des Alltags, die einen oder nur wenige kleinere Schritte umfassen, etwa einen Termin vereinbaren, den Müll wegfahren, das Bad putzen, einkaufen gehen, eine E-Mail beantworten oder das Auto in die Werkstatt bringen. Eine Art Aufgabenverwaltungssystem kann im Alltag enorm dabei helfen, jederzeit zu wissen, was ansteht, die To-do-Liste nicht maßlos zu überladen (was wiederum zu Aufschieben führen kann) und Überforderung zu reduzieren. Es geht also wie auch bei Projekten/Vorhaben und Terminen darum, die täglichen To-dos zunächst überhaupt einmal festzuhalten. Anschließend kannst du deine Woche oder deinen Tag planen und diejenigen Aufgaben aus deiner Sammlung auswählen, die für den jeweiligen Zeitraum Sinn ergeben. Zur Erinnerung: Wir wollen auch hier weg von herumliegenden Notizzetteln oder losen Handynotizen und eine Sammlung aller Aufgaben in einem System schaffen.
Wenn du digital planen möchtest, kannst du das gleiche Programm wie für deine Projekte und Vorhaben nutzen. Planst du lieber analog, nutze ein Notizbuch, einheitliche To-do-Listen oder Planer, um deine Aufgaben festzuhalten. Auf der rechten Seite habe ich eine kleine Hilfe für dich, wie es aussehen könnte, wenn du analog planen möchtest.

## So können deine Aufgaben aussehen

**Kategorie: allgemein**

- [ ] Zahnarzttermin vereinbaren
- [ ] Steuererklärung erstellen
- [ ] Emilia bei Musikunterricht anmelden
- [ ] Versicherung kündigen
- [ ] neue Schnellhefter bestellen
- [ ] Geburtstagsgeschenk besorgen
- [ ] Ablaufdatum Medikamente prüfen
- [ ] Dauerauftrag für Miete erstellen
- [ ] Autowerkstatt anrufen
- [ ] altes Handy zum Verkauf einstellen

**Kategorie: Haushalt**

- [ ] Fenster im Wohnzimmer putzen
- [ ] Wasserkocher entkalken
- [ ] Unkraut jäten
- [ ] Abflüsse reinigen
- [ ] Ofen putzen
- [ ] Wände mit Farbe ausbessern

**Kategorie: außer Haus**

- [ ] zum Wertstoffhof fahren
- [ ] Retouren zur Post bringen
- [ ] Spenden bei Sammelstelle abgeben
- [ ] Auto in die Waschanlage fahren
- [ ] Antrag bei Bank abgeben
- [ ] Passfotos machen lassen

## DU BIST DRAN!

*Lade dir die Aufgabenübersicht in Blankoform herunter (s. Seite 9), drucke sie aus und bestücke sie mit allen alltäglichen To-dos, die dir einfallen.*

## SCHRITT 2: SETZE PRIORITÄTEN

Wenn du auf den letzten Seiten mitgearbeitet hast, hast du nun wahrscheinlich deine Übersichten an Aufgaben sowie Projekten und Vorhaben vor dir. Woher weißt du aber jetzt, wo du überhaupt anfangen sollst? Das Zauberwort lautet: Priorisierung.

Indem du priorisierst, triffst du eine bewusste Entscheidung darüber, welche Aufgaben dir am wichtigsten sind. Prioritäten sind gewissermaßen der Schlüssel dafür, Dinge für dich in den Fokus zu rücken.

**Auf welche Sache lenkst du sie?**

## Das hast du davon

Wenn wir priorisieren, treffen wir eine bewusste Entscheidung darüber, welche Aufgaben uns am wichtigsten sind und welche warten können. So stellen wir sicher, wichtige und dringende Aufgaben zuerst zu erledigen. Nach Lust und Laune zu entscheiden, womit wir anfangen, führt dagegen häufig dazu, dass wir das, was wirklich wichtig ist, nach hinten verschieben. Denn wir wissen ja mittlerweile, dass wichtige Dinge oft nicht gerade die angenehmsten oder leichtesten Aufgaben auf unserer Liste sind.

Indem wir Prioritäten setzen, können wir aber nicht nur unsere Zeit effizienter nutzen, sondern auch sicherstellen, dass wir die Aufgaben nicht aus den Augen verlieren, die unseren persönlichen Zielen und langfristigen Visionen entsprechen. Im Gegenzug finden wir in manchen Fällen vielleicht sogar heraus, dass andere Dinge wiederum unerwartet unwichtig sind – viel unwichtiger, als sie auf den ersten Blick scheinen.

Die Fähigkeit, Prioritäten zu setzen, ermöglicht es uns also, bessere Entscheidungen zu treffen und ein Gefühl der Kontrolle über unser Leben zu erlangen.

Schauen wir uns daher direkt einmal an, wie wir Prioritäten bestimmen können. Ich stelle dir dazu zwei (von unzähligen) Möglichkeiten vor. Welche du letztendlich verwendest, hängt von deinen Vorlieben ab. Schnapp dir deine Übersichten der Projekte und Aufgaben und probiere gern beide Varianten ein paarmal für dich selbst aus.

Keine Sorge, du kannst dabei nichts falsch machen!

## PRIORITÄTEN SETZEN MIT DER EISENHOWER-MATRIX

Die Eisenhower-Matrix ist eine Priorisierungshilfe, die auf den ehemaligen amerikanischen Präsidenten Dwight D. Eisenhower zurückgeht. Sie beruht auf der Idee, dass nicht alle Aufgaben gleich wichtig oder dringend sind und dass man die wichtigsten Aufgaben zuerst erledigt und unwichtige Dinge aussortiert. Mithilfe eines Rasters kannst du deine Aufgaben in vier Kategorien einteilen, um so ihre Prioritäten zu bestimmen:

| | **dringend** | **nicht dringend** |
|---|---|---|
| **wichtig** | wichtig und dringend<br>**1**<br>Aufgaben haben eine Deadline und/oder Konsequenzen, wenn du sie nicht erledigst. Kümmere dich um diese Dinge zuerst. | wichtig und nicht dringend<br>**2**<br>Aufgaben haben zwar keine klare Deadline, sind aber trotzdem von Bedeutung. Lege einen zeitnahen Termin fest, wann du dich darum kümmern wirst. |
| **nicht wichtig** | dringend und nicht wichtig<br>**3**<br>Aufgaben sind nicht von großer Bedeutung, müssen jedoch trotzdem zeitnah erledigt werden. Delegiere sie oder erledige sie, nachdem du dich um die Kategorien 1 und 2 gekümmert hast. | nicht wichtig und nicht dringend<br>**4**<br>Aufgaben sind unwichtig und müssen nicht zeitnah erledigt werden. Streiche diese Dinge von der Liste oder kümmere dich um sie zum Schluss. |

## DU BIST DRAN!

*Prioritäten setzen zu können, ist also eine wichtige Fähigkeit, die dir im Alltag unglaublich dabei hilft, wichtige Dinge eben nicht auf die lange Bank zu schieben. Priorisiere nun die Aufgaben, Projekte und Vorhaben deiner Listen. Ordne sie den einzelnen Kategorien der Eisenhower-Matrix zu und trage sie in das Blankoraster ein.*

| | **dringend** | **nicht dringend** |
|---|---|---|
| wichtig | 1 | 2 |
| nicht wichtig | 3 | 4 |

## PRIORITÄTEN SETZEN MIT DEN RICHTIGEN FRAGEN

Für den Fall, dass dir der festgeschriebene Rahmen der Eisenhower-Matrix nicht liegt, kannst du dir zu deinen Projekten, Vorhaben und Aufgaben auch zielführende Fragen stellen, um deine Angelegenheiten den richtigen Prioritäten zuzuordnen. Hier ein paar Ideen:

- Welche Aufgaben sind mir am wichtigsten und warum?
- Welche Projekte haben den größten Einfluss auf meine Ziele?
- Welche Projekte oder Aufgaben können verschoben oder delegiert werden, um Zeit und Ressourcen für wichtigere Prioritäten freizugeben?
- Was sind die Auswirkungen, wenn ich bestimmte Projekte oder Aufgaben vernachlässige oder nicht erledige?
- Welche Projekte oder Aufgaben bringen den meisten Wert für mich?
- Welche Aufgaben oder Projekte sind momentan am besten mit meinem Zeitplan und meinem Energielevel in Einklang zu bringen?

# DU BIST DRAN!

*Denke doch mal über folgende vier Fragen nach und beantworte sie schriftlich. Du wirst sehen: Anschließend hast du bereits einen guten Überblick darüber, was dir wichtig ist und was potenziell auch mal warten kann.*

- Welche Projekte oder Aufgaben sind mir derzeit am wichtigsten und warum?

- Welche Projekte oder Aufgaben haben den größten Einfluss auf meine Ziele?

- Welche Aufgaben und Projekte sind momentan am besten mit meinem Zeitplan und Energielevel in Einklang zu bringen?

- Welche Aufgaben können verschoben oder delegiert werden, um Zeit und Ressourcen für wichtigere Prioritäten freizugeben?

## SCHRITT 3: DER ENTSCHLUSS

Nur zu wissen, welche Aufgabe oder welches Vorhaben Priorität hat, reicht noch nicht aus, um es auch wirklich anzugehen. Zum Beispiel nur zu denken: »Ich sollte mich so langsam mal um meinen chaotischen Haufen Papierkram kümmern«, bringt uns der Ausführung keinen Schritt näher. Das weißt du vermutlich genauso gut wie ich.

Es geht also darum, unseren Fokus ernsthaft und bewusst auf unser Vorhaben auszurichten. Hier kommt der klare Entschluss ins Spiel. Um bei unserem Beispiel zu bleiben: »Ich werde mich um meinen chaotischen Haufen Papierkram kümmern und plane jetzt bewusst die nächsten Schritte.« Ohne diesen klaren Entschluss, die Sache ernsthaft anzupacken, drehen wir uns nämlich sprichwörtlich im Kreis. Wir finden die Ausfahrt nicht. Wir fahren in unserem Alltagskreisverkehr Runde um Runde und merken manchmal gar nicht, wie die Zeit vergeht, während wir uns selbst mit Floskeln wie »morgen«, »bald«, »irgendwann« und »wenn es besser passt« vertrösten.

**VON** **ZU**

»Irgendwann sollte ich …«
»Eines Tages könnte ich …«
»Ich möchte unbedingt mal …«
»Ich sollte langsam …«
»Ach ja, ich wollte doch noch …«

**»Ich werde es angehen!«**

## Das hast du davon

Dich ganz bewusst dazu zu entscheiden, eine bestimmte Sache anzugehen, bringt fantastische Vorteile mit sich. Ein klarer Entschluss hilft dir dabei, …

- Verbindlichkeit zu schaffen,
- Zweifel darüber über Bord zu werfen, was du jetzt anpacken möchtest,
- den Fokus zu schärfen und deine Gedanken auf die Sache auszurichten,
- deine Zeit, Kraft und sonstigen Ressourcen auf die Sache zu konzentrieren,
- innere Konflikte und Unsicherheiten zu reduzieren und
- die Wahrscheinlichkeit zu steigern, die Sache wirklich anzugehen.

Wann immer du dich also in einem Strudel von »sollte«, »könnte« oder »müsste« wiederfindest und du einfach nicht in die Umsetzung kommst, prüfe, ob du dich überhaupt schon bewusst für die Umsetzung entschieden hast!

## WIE FASST MAN EINEN KLAREN ENTSCHLUSS?

Kommen wir zur wichtigsten Frage: Wie fasst man eigentlich einen für sich selbst verbindlichen Entschluss? Hier drei Ideen:

**Setze klare Ziele.** Formuliere klare und spezifische Ziele, die du erreichen möchtest. Ein Ziel bringt die notwendige »Ernsthaftigkeit« in eine Aufgabe oder ein Projekt.

**Halte sie schriftlich fest.** Egal ob in einem Notizbuch, digital oder auf einem einfachen Blatt Papier – insbesondere bei umfangreicheren Vorhaben empfehle ich, dass du diese schriftlich festhältst. Das Ganze dient als greifbare Erinnerung an deinen Entschluss und hat einen ganz anderen Charakter, als wenn du diesen nur im Kopf fassen würdest. Kleinere To-dos sind hiervon übrigens nicht ausgenommen. Eine klare schriftliche Entscheidung kann auch so aussehen, dass du die Aufgabe auf deinen Tagesplan oder deine To-do-Liste für den jeweiligen Tag schreibst.

**Sprich mit anderen darüber.** Teile deine Entscheidung doch Freunden oder Familienmitgliedern mit. Perspektiven auszutauschen und Feedback einzuholen, inspiriert und motiviert, um die Sache wirklich anzupacken.

## DU BIST DRAN!

*Um den Unterschied zwischen einem Vorhaben, das dir locker im Kopf herumschwirrt, und einem klaren Entschluss zu erkennen, kannst du die folgende Übung machen. Wähle eine Aufgabe aus, die du schon viel zu lange vor dir hergeschoben hast und jetzt endlich angehen möchtest. Fasse einen klaren Entschluss und schreibe ihn auf. Setze die Sache oder einen Teilschritt von ihr anschließend auf deine heutige To-do-Liste.*

**Ich, ________________________, treffe heute,**

**am ________________________, folgenden Entschluss:**

# KAPITEL 3
# ZIELESETZEN LEICHT GEMACHT

In diesem Kapitel erfährst du, ...

- ... was der Unterschied zwischen einem Ziel und einem Vorhaben ist,
- ... welche Formel du für eine perfekte Zielformulierung verwenden kannst und
- ... wie du deine Ziele im Alltag stets vor Augen behalten kannst.

*»Ziele sind bei mir so eine Sache … Ich setze sie zwar voller Motivation, aber irgendwie schaffen sie es immer wieder, im hektischen Alltagstrott unterzugehen. Es ist, als würden sie still und heimlich den Bach runtertreiben, während ich mit dem Leben weitermache.«*

Lea, 29 Jahre, Rechtsanwaltsfachangestellte aus Köln

## WAS SIND EIGENTLICH ZIELE?

Zugegeben, davon, dass wir uns Ziele setzen sollten, um das zu erreichen, was wir möchten, haben wir alle schon gehört. Doch frage dich einmal: Wie oft hast du das wirklich schon aktiv gemacht? Schauen wir uns mal ein paar »Ziele« an, die wir sicher alle schon einmal in der ein oder anderen Form hatten:

- »Ich möchte Italienisch lernen.«
- »Ich möchte beruflich erfolgreich werden.«
- »Ich möchte fitter werden.«

Kommt dir bekannt vor? Prima. Doch ich muss dich enttäuschen, denn das alles sind keine Ziele. Viel eher sind es Wünsche, Träume, Absichten oder Vorhaben, die in unseren Köpfen existieren. Sie spiegeln Sehnsüchte oder Hoffnungen wider, allenfalls eine grobe Richtung. Doch solange wir sie nicht in konkrete Ziele umwandeln, bleiben sie in den meisten Fällen genau dort, wo sie sind – nämlich in unseren Köpfen.
Schauen wir uns das mal etwas näher an.

## Was unterscheidet ein Vorhaben von einem Ziel?

Ein Vorhaben bezieht sich auf eine Absicht, die wir in naher Zukunft umsetzen möchten. Es handelt sich um Dinge, die wir angehen möchten, aber es fehlen noch die dazugehörigen Handlungen und der Zeitrahmen. Indem wir unseren Vorhaben diese beiden Zutaten hinzufügen, geben wir ihnen eine klare Richtung und eine Struktur; aus unseren Vorhaben werden Ziele. Daraus können wir dann einen konkreten Plan formen, mit dem wir unser Ziel erreichen.
In diesen zeitlichen Horizonten kannst du dir Zielsetzung beispielsweise zunutze machen:

- Lebensziele
- Jahresziele
- Monatsziele
- Wochenziele
- Tagesziele
- Nahziele (für ein bestimmtes Zeitfenster, das wir zur Verfügung haben)

So weit, so gut. Und wie machen wir nun aus einem Vorhaben ein konkretes Ziel? Hier kommt die sogenannte SMART-Formel zum Einsatz.

## ZIELE SMART ERREICHEN

Die SMART-Formel der Zielsetzung ist ein Klassiker des Zeitmanagements. Sie bietet einen großartigen Anhaltpunkt, welche Kriterien ein motivierendes Ziel erfüllen sollte.

| | | |
|---|---|---|
| **S** | **SPEZIFISCH** | Was willst du konkret erreichen? |
| **M** | **MESSBAR** | Wie kannst du die Zielerreichung messbar machen? |
| **A** | **ATTRAKTIV** | Wähle ein Ziel, das für dich erstrebenswert ist. |
| **R** | **REALISTISCH** | Das Ziel sollte für dich tatsächlich erreichbar sein. |
| **T** | **TERMINIERT** | Setze dir eine Frist, bis wann du das Ziel erreichen willst. |

## So sieht das konkret aus

Ein gut formuliertes Ziel sollte also *spezifisch* und *messbar* sein. Es sollten folglich keine Zweifel oder Unklarheiten darüber existieren, was genau wir erreichen wollen.

Außerdem sollte ein Ziel *attraktiv* und herausfordernd sein, aber dennoch *realistisch*. Das heißt, es sollte uns zwar motivieren, unser Bestes zu geben, aber gleichzeitig sollte es auch machbar sein. Ein unerreichbares Ziel führt meistens wohl eher zu Frustration, wohingegen ein zu leichtes Ziel nicht wirklich motivierend für uns ist.

Ein *Termin* für die Erreichung unseres Ziels ist in jedem Fall sinnvoll. Denn ein Ziel ohne konkreten Zeitrahmen zieht sich nur allzu oft in die Länge. Ein klar definiertes Zeitlimit dagegen hilft uns dabei, fokussiert zu bleiben.

Zuletzt ist es wichtig, unsere Ziele positiv und motivierend zu formulieren. Schließlich wollen wir uns nicht darauf konzentrieren, was vermieden werden soll, sondern darauf, was erreicht werden soll. Ein negativ formuliertes Ziel wie »Nicht mehr so viel Zeit mit sozialen Medien verbringen« regt also eher weniger zum Handeln an als das Ziel »Täglich 30 Minuten für körperliche Bewegung nutzen, statt in sozialen Medien zu scrollen«. Letzteres ist positiv formuliert und enthält einen klaren Handlungsplan.

Damit das Ganze nicht so abstrakt für dich ist, habe ich dir einen praktischen Baukasten für die Zielformulierung erstellt.

## DEIN BAUKASTEN FÜR DEINE ZIELFORMULIERUNG

Um ein anspornendes Ziel zu formulieren, kannst du dir den folgenden Baukasten zunutze machen. Dieser umfasst alle Punkte, die ein motivierendes Ziel beinhalten sollte, sowie beispielhafte Formulierungen, die dir dabei helfen werden, es schriftlich festzuhalten.

| | Baustein | Nr. | Formulierung |
|---|---|---|---|
| | **Einleitung** | 1 | Mein Ziel ist es …<br>Ich werde daran arbeiten …<br>Mein Fokus liegt darauf … |
| | **zeitlicher Horizont** | 2 | … bis zum Datum X …<br>… innerhalb von X Wochen …<br>… bis zum Ende des Jahres … |
| | **genaues Ziel** | 3 | Beispiele:<br>… meine Schrittzahl auf X zu erhöhen, …<br>… Kapitel 1 meines Buches zu vollenden, …<br>… Thema X gelernt zu haben, … |

**indem ich …**

| | Baustein | Nr. | Formulierung |
|---|---|---|---|
| | **genaue Maßnahmen** | 4 | … mich täglich mit X beschäftige.<br>… regelmäßig Y mache.<br>… einmal die Woche Z tue. |
| | **Überwachung des Fortschritts** | 5 | Ich werde meinen Fortschritt regelmäßig überprüfen, indem …<br>Ich werde meine Ergebnisse dokumentieren, indem … |

# DU BIST DRAN!

*Mit dieser Übung kannst du das Baukastenprinzip gleich ganz konkret auf eines deiner Vorhaben anwenden. Suche dir ein Vorhaben heraus, das du vielleicht schon länger mit dir herumschleppst, und forme es in ein Ziel um!*

Einleitung 1

zeitlicher Horizont 2

genaues Ziel 3

**indem ich ...**

genaue Maßnahmen 4

Überwachung des Fortschritts 5

## WARUM ZIELE IM ALLTAG OFT UNTERGEHEN

Ziele können noch so konkret formuliert sein und wir können uns auch noch so sehr darauf freuen, sie zu erreichen. Meine Erfahrung hat gezeigt, dass sie im Alltag dennoch viel zu oft in Vergessenheit geraten. Denn wir haben nun mal alle eine ganze Menge an Verpflichtungen und Aufgaben, die unsere Zeit in Anspruch nehmen und an unserer Aufmerksamkeit zerren.

Deswegen ist es wichtig, dass wir unsere Ziele permanent präsent halten und uns immer wieder selbst daran erinnern. Das ist insbesondere bei Zielen mit einem etwas längeren Zeithorizont sinnvoll. Hier gilt also: Baue kleine Erinnerungen an deine Ziele in deinen Alltag ein.

Sinnvoll sind hierfür alle Dinge, die uns unser Ziel in verschiedenen Situationen vor Augen führen und präsent halten. Denn so wird unser Gehirn immer wieder bewusst auf unsere Ziele hingelenkt und daran erinnert, dass wir etwas Bestimmtes erreichen wollen.

Auf der rechten Seite habe ich ein paar Inspirationen gesammelt, wie diese Erinnerungen konkret aussehen können.

# DU BIST DRAN!

*Picke dir aus den folgenden Vorschlägen immer wieder etwas anderes heraus, um deine Ziele vor Augen zu halten. Am Ende macht es die Mischung, denn wir neigen dazu, Dinge schnell zu übersehen, an die wir uns visuell gewöhnt haben. Hake ab, was du ausprobiert hast.*

- ☐ **Plan:** Jahres- oder Monatsziele kannst du in eine Übersicht eintragen, auf die du ohnehin täglich einen Blick wirfst.

- ☐ **Erinnerungen:** Platziere Zettel, Karten, Dekoration oder Zubehör dort, wo du sie immer wieder siehst. So wirst du (selbst unbewusst) permanent an deine Ziele erinnert.

- ☐ **Visionboard:** Gestalte ein Visionboard mit Bildern und motivierenden Wörtern oder Sätzen, die du mit deinen Zielen verbindest. Hänge es gut sichtbar auf.

- ☐ **Notizbuch:** Lege dir ein Notizbuch zu, in das du motivierende Gedanken notierst, die zu deinen Zielen passen. Nimm es regelmäßig zur Hand, etwa als Teil deiner Morgenroutine.

- ☐ **Digital:** Ziere deinen Desktop- oder Handyhintergrund mit etwas, das dich an dein Ziel erinnert.

- ☐ **Sprich darüber:** Tu dich mit deiner besten Freundin oder einem Familienmitglied zusammen und verfolgt gemeinsam eure Ziele. Einmal pro Woche vereinbart ihr einen festen Gesprächstermin, an dem ihr euch gegenseitig von euren Fortschritten der Woche berichtet.

# KAPITEL 4
# PLANUNG UND ZEITMANAGEMENT

In diesem Kapitel erfährst du, …

- … welche Planungs- und Zeitmanagement-Tools eine Stütze in deinem Alltag sein können,
- … wie du deine alltäglichen To-dos stets im Blick behältst und
- … noch mehr Geheimnisse, die dir dabei helfen werden, endlich ins Machen zu kommen.

**ohne Planung**

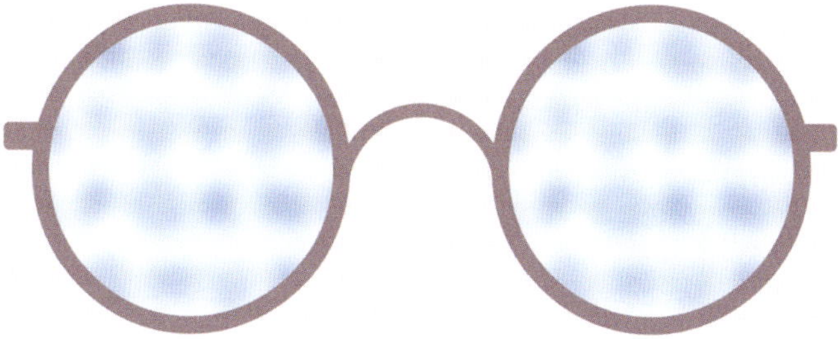

**mit Planung**

*»Ich liebe es, einen Plan zu haben. Das gibt mir Halt im Alltag. Was ich nicht plane, tue ich meistens auch nicht. Planung wirkt für mich wie eine Brille, durch die ich meinen Alltag klarer sehen kann.«*

Alexander, 35 Jahre, selbstständig aus München

## RAUS AUS DER ENTSCHEIDUNGSPARALYSE!

Aus eigener Erfahrung wissen wir natürlich, dass der bloße Entschluss, sich einer Sache zu widmen, oft noch nicht ausreicht, um zuverlässig in die Umsetzung zu kommen. Bleiben wir bei unserem Beispiel aus Kapitel 2. Zu sagen: »Ich werde mich um meinen chaotischen Haufen Papierkram kümmern«, klingt zwar schon mal gut, ist aber noch ziemlich unkonkret. Schließlich legt dieser Satz nicht fest, ob wir das nun heute tun oder aber erst nächste Woche oder gar in einem Monat – geschweige denn, wie wir das genau tun werden. Und genau darin liegt die Gefahr, uns erneut ganz leicht vom Aufschiebestrudel mitreißen zu lassen.

Wir brauchen konkrete Infos, einen präzisen Plan, wann, wo und wie wir die Aufgabe angehen möchten. Denn nur so können wir schon vor der eigentlichen Umsetzung viele kleine Hindernisse aus dem Weg räumen, die uns sonst mit ziemlicher Sicherheit von der Ausführung der Aufgabe abhalten würden.

Bildlich gesprochen gibt es ohne *konkreten* Plan viele Wege, Zeitpunkte und Varianten, wie wir eine bestimmte Sache erreichen können. Doch wie wir bereits wissen, mag es unser Gehirn überhaupt nicht, vor vielen Entscheidungen und Fragezeichen zu stehen. Das endet dann nämlich eben oft damit, dass wir gar nichts tun. Ein präziser Plan hingegen, der gewisse Punkte beantwortet, kann uns unglaublich dabei helfen, zu unserem Ziel zu kommen.

**ohne Plan**

**mit Plan**

## TOOL: DIE 7-PUNKTE-PLANUNG

Hier kommt eine tolle Methode für dich, die du sofort ausprobieren kannst und die dich optimal auf die Umsetzung eines Entschlusses vorbereitet. Ich nenne sie die 7-Punkte-Planung. Diese Planungstechnik orientiert sich am Konzept der Implementierungsintention des Psychologen Peter Gollwitzer. Hierbei legt man die genauen Rahmenbedingungen der Umsetzung einer Aufgabe fest und räumt somit durch präzise Planung eventuell auftretende Unklarheiten, die uns vom Handeln abhalten könnten, bereits im Vorhinein aus dem Weg. Diese Methode empfehle ich besonders für Aufgaben, die dir erfahrungsgemäß sehr schwerfallen und bei denen die Aufschiebegefahr dementsprechend ziemlich hoch ist.
Die sieben Punkte, über die du dir vor der Umsetzung deiner Aufgabe Gedanken machst, sind diese:

1. Was werde ich tun?
2. Wie werde ich das tun?
3. An welchem Ort, also wo werde ich das tun?
4. Wann und wie lange werde ich das tun?
5. Wie erinnere ich mich daran?
6. Was kann ich dafür vorbereiten?
7. Was tue ich, wenn Schwierigkeiten auftreten?

Indem du diese sieben Fragen für dich beantwortest, wirken sie wie ein Hammer, der alle Fragezeichen einreißt, die der Umsetzung deiner Aufgaben gerne mal im Weg stehen.

## So funktioniert's

Zur Verdeutlichung habe ich hier ein Beispiel für die 7-Punkte-Planung für dich. Lass es einfach einmal auf dich wirken und achte auf den Unterschied zu deinem vorherigen Vorgehen bei der Planung von Aufgaben. So gibt es absolut keine Zweifel mehr, die der Umsetzung im Weg stehen könnten. Und das klingt doch schon ganz anders als beispielsweise »Ich kümmere mich am Wochenende um den Papierkram«.

| | |
|---|---|
| 1 **Was** werde ich tun? | Ich werde mich um meinen Papierkram kümmern. |
| 2 **Wie** werde ich es tun? | Ich gehe alle Unterlagen durch und sortiere sie nach Themen wie Rechnungen, Verträge oder Versicherungsdokumente auf verschiedenen Stapeln. |
| 3 An welchem **Ort?** | Ich werde mich im Wohnzimmer auf den Boden setzen, damit ich viel Platz habe, um alle Unterlagen auszubreiten. |
| 4 **Wann** und **wie lange?** | Am Samstag um 10 Uhr, nachdem ich nach dem Frühstück die Küche aufgeräumt habe, fange ich damit an. |
| 5 Wie werde ich mich daran **erinnern?** | Ich mache mir eine Kalendernotiz und stelle eine automatische Benachrichtigung ein. |
| 6 Was kann ich **vorbereiten?** | Ich lege mir meine Unterlagenordner, einen Stift, Locher, Tacker und den Aktenvernichter bereit. |
| 7 Wie kann ich **Schwierigkeiten** lösen? | Wenn … → dann …<br>… ich versuchen sollte, mich mit etwas anderem abzulenken, … → … werde ich die Pomodoro-Technik anwenden (s. Seite 116).<br><br>Wenn … → dann …<br>… ich mir bei manchen Dokumenten unsicher bin, ob ich sie aufbewahren muss, … → … werde ich einen Stapel dafür anlegen und später online die Aufbewahrungsfristen recherchieren. |

# DU BIST DRAN!

*Picke dir eine konkrete Aufgabe heraus, die du unbedingt angehen möchtest, und plane sie mithilfe der 7-Punkte-Planung. Falls du weitere Aufgaben planen möchtest, kannst du dir den Plan auch herunterladen (s. Seite 9).*

1 **Was** werde ich tun?

2 **Wie** werde ich es tun?

An welchem **Ort?**

4 **Wann** und **wie lange?**

5 Wie werde ich mich daran **erinnern?**

6 Was kann ich **vorbereiten?**

7 Wie kann ich **Schwierigkeiten** lösen?

Wenn … → dann …

## TAGESPLANUNG IN DREI VARIANTEN

Die Planung einzelner Aufgaben ist die eine Sache. Und doch kann es in unserem oft hektischen Alltag manchmal eine Herausforderung sein, den Überblick über all unsere Aufgaben und Vorhaben zu behalten und effektiv zu handeln. Hier kommt die Tagesplanung ins Spiel.

Mithilfe der Tagesplanung setzen wir uns bewusst mit den anstehenden Aufgaben auseinander, schaffen eine klare Richtung und vermeiden es, uns ziellos durch den Tag treiben zu lassen und in die Spirale von »irgendwann«, »später« und »jetzt nicht« abzurutschen. Außerdem fördert die Tagesplanung proaktives Handeln. Wenn wir unseren Tag im Voraus planen, haben wir bereits eine Vorstellung davon, was zu tun ist, sobald wir beginnen. Das ermutigt uns dazu, sofort in Aktion zu treten, anstatt Zeit mit der Entscheidung darüber zu verschwenden, womit wir beginnen sollen.

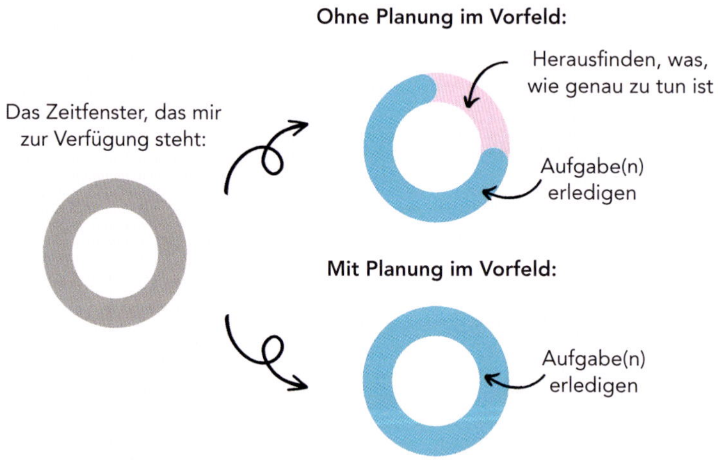


Schauen wir uns also einmal an, wie du konkret im Vorfeld planen kannst.

# DU BIST DRAN!

*Die folgende Checkliste hilft dir dabei, deine Tage im Voraus zu planen und anschließend mehr Zeit für die Umsetzung zu haben. Hake ab, was du erfolgreich umgesetzt hast.*

- [ ] Betrachte den vor dir liegenden Tag. Du kannst das am Abend davor machen oder als Teil deiner Morgenroutine.
- [ ] Wirf einen Blick in deinen Kalender. Welche Termine stehen an? Musst du dafür noch irgendetwas vorbereiten? Daraus kannst du erkennen, wie viel Zeit dir heute überhaupt zur freien Verfügung steht.
- [ ] Prüfe deine Prioritäten und entscheide, was du heute unbedingt tun musst oder möchtest.
- [ ] Lege eventuell weitere To-dos fest, die erledigt werden müssen. Schau dir hierzu deine To-do-Liste »Meine Aufgaben« an.
- [ ] Vergiss nicht, auch Pausen einzuplanen.
- [ ] Plane deinen Tag mit einem der Systeme, die ich dir auf den folgenden Seiten vorstelle. Trage all deine Aufgaben entweder in deine klassische To-do Liste, in deinen Tagesplan oder in deine Zeitblöcke ein.

## VARIANTE 1: DIE KLASSISCHE TO-DO-LISTE

To-do-Listen ermöglichen eine klare Strukturierung und Organisation der anstehenden Aufgaben, man kann sie digital oder analog nutzen und behält ganz einfach den Überblick über alles, was (an dem jeweiligen Tag) erledigt werden muss. Das schafft wiederum Klarheit und hilft dabei, Überforderung zu vermeiden. Und wer liebt es nicht, Aufgaben von einer Liste streichen zu können, sobald sie erledigt sind?
Um das Beste aus deiner To-do-Liste herauszuholen, habe ich noch zwei Tipps für dich:

1. Ordne deine Aufgaben nach ihrer Priorität. Das hilft dir dabei, den Fokus auf das Wesentliche zu legen und sicherzustellen, dass diese wichtigen Aufgaben nicht übersehen und nach hinten geschoben werden.
2. Halte die To-do-Liste so kurz wie möglich. Packst du deine Liste zu voll, kann es sein, dass du einige Punkte nicht schaffst, dich unproduktiv fühlst, noch offene To-dos im Kopf hast und nicht abschalten kannst. Nimm dir also lieber etwas weniger vor und erledige das dafür wirklich.

Auf der rechten Seite siehst du, wie eine To-do-Liste aussehen könnte.

## So kann eine To-do-Liste aussehen

**Datum:** 4. Januar

| | Aufgaben: | Prio: |
|---|---|---|
| ☐ | Zahnarzttermin vereinbaren (Telefonnummer: 0123-456 789) | 1 |
| ☐ | Einschreiben zur Post bringen | 1 |
| ☐ | Schlüssel bei den Nachbarn abgeben | 1 |
| ☐ | Emilia bei Musikunterricht anmelden | 2 |
| ☐ | staubsaugen | 2 |
| ☐ | Bett beziehen | 2 |
| ☐ | Dauerauftrag auf 100 € ändern | 3 |
| ☐ | Unkraut jäten | 3 |
| ☐ | | |
| ☐ | | |
| ☐ | | |
| ☐ | | |
| ☐ | | |
| ☐ | | |
| ☐ | | |
| ☐ | | |

## DU BIST DRAN!

*Lade dir die To-do-Liste in Blankoform herunter (s. Seite 9), drucke sie mehrmals aus und plane mit ihrer Hilfe deine kommenden Tage.*

## VARIANTE 2: DER TAGESPLAN

Ein Tagesplan stellt eine Weiterentwicklung der klassischen To-do-Liste dar. Der Unterschied besteht darin, dass er zusätzliche Informationen wie Erinnerungen und möglicherweise sogar feste Termine integriert. Das Schöne daran: Du kannst ihn nach deinen individuellen Bedürfnissen anpassen und alle Parameter darauf platzieren, die du benötigst. Folgende Punkte könntest du auf deinem Tagesplan festhalten:

- persönliche Ziele für den Tag
- Zeitfenster für sportliche Aktivitäten, Meditation oder Entspannung
- Notizen zu positiven Erfahrungen oder Dingen, für die du dankbar bist
- Telefonnummern, E-Mail-Adressen oder Adressen von Personen, die du an diesem Tag kontaktieren möchtest
- inspirierende Zitate
- Platz für spontane Ideen oder kreative Gedanken während des Tages
- Erinnerungen zu Projekten, die du bearbeiten wirst
- Orte, an denen du dich treffen wirst, inklusive Adresse und Anfahrtsweg.

Auf der rechten Seite siehst du, wie du den Tagesplan umsetzen könntest.

## So kann ein Tagesplan aussehen

**Datum:** 4. Januar

**Termine:**

15:00 Uhr Kinderturnen
19:00 Uhr Treffen mit Lisa

**Pausen:**

Klavier spielen
neues Buch anfangen

**Das sind meine Prioritäten:**

- [ ] Zahnarzttermin vereinbaren (Telefonnummer: 0123-456 789)
- [ ] Einschreiben zur Post bringen
- [ ] Schlüssel bei den Nachbarn abgeben

**Weitere To-dos:**

- [ ] Emilia bei Musikunterricht anmelden
- [ ] staubsaugen
- [ ] Bett beziehen
- [ ] Dauerauftrag auf 100 € abändern
- [ ] Unkraut jäten
- [ ] 
- [ ] 

**Erinnerungen/Notizen:**

Trinken nicht vergessen!
Eins nach dem anderen!

## DU BIST DRAN!

*Lade dir den Tagesplan in Blankoform herunter (s. Seite 9), drucke ihn mehrmals aus und plane damit deine kommenden Tage. Passe ihn gern nach deinen Vorlieben an.*

## VARIANTE 3: ZEITBLÖCKE

Bei dieser Variante der Tagesplanung teilst du deinen Tag in feste Zeitintervalle ein, denen du bestimmte Aufgaben und/oder Themenbereiche zuordnest. Zudem kannst du dir zu einzelnen Zeitblöcken direkt die jeweiligen Tätigkeiten notieren, die du darin ausführen möchtest.
Die Methode hat einige Vorteile zu bieten:

- Dein Tag ist klar strukturiert.
- Befindest du dich in einem bestimmten Zeitblock, weißt du genau, was zu tun ist, und vor allem, was nicht zu tun ist.
- Eine Einteilung in Zeitblöcke hilft dabei, Ablenkungen zu minimieren. Du könntest beispielsweise die Handynutzung oder das Checken von E-Mails auf bestimmte Zeitslots beschränken, sodass du dich während der Arbeit oder bei wichtigen Aufgaben nicht ablenken lässt.
- Durch die bewusste Einplanung von Zeit für persönliche Aktivitäten, Erholung oder Zeit mit der Familie und Freunden kann die Arbeit mit Zeitblöcken zur Verbesserung deiner Work-Life-Balance beitragen.

Du kannst dieses System vollkommen individuell gestalten. Du kannst sowohl deinen kompletten Tag in Blöcke einteilen als auch nur einzelne Teile davon. Probiere aus, was für dich am besten passt.
Zur Inspiration kommt hier beispielhaft eine Tagesplanung mit Zeitblöcken.

## So können Zeitblöcke aussehen

Anna, 24 Jahre, Studentin:

| | |
|---|---|
| 06:00 | |
| 07:00 | Sport |
| 08:00 | Vorbereitung Vorlesungen |
| 09:00 | |
| 10:00 | |
| 11:00 | |
| 12:00 | Uni |
| 13:00 | |
| 14:00 | |
| 15:00 | |
| 16:00 | Freizeit |
| 17:00 | |
| 18:00 | Lernen |
| 19:00 | |
| 20:00 | Freunde treffen |
| 21:00 | |

## DU BIST DRAN!

*Plane deine Aufgaben als Zeitblöcke. Für deine persönlichen Zeitblöcke kannst du einen digitalen Kalender nutzen, eine einfache Liste auf Papier oder deinen Terminplaner.*

## 10 + 1 QUICK-TIPPS FÜR DEINE PLANUNG IM ALLTAG

Egal ob klassische To-do-Liste, Tagesplan oder Planung in Zeitblöcken: Es ist gut, einen Leitfaden zu haben, an dem du dich entlanghangeln kannst. Hier kommen 10 + 1 Quick-Tipps, wie du deine Planung weiter verbessern kannst, damit sie dich optimal dabei unterstützt, ins Machen zu kommen.

1. **Plane Zeitpuffer ein.** Zeitpuffer sind wichtig, um unvorhergesehene Ereignisse, Verzögerungen und unerwartete Aufgaben in deiner Planung zu berücksichtigen. Sie helfen dir also dabei, den Zeitdruck zu reduzieren, und ermöglichen eine realistischere, flexiblere Planung. Faustregel: Verplane nur 50 bis 70 Prozent deiner zur Verfügung stehenden Zeit und lasse den Rest als Puffer übrig.
2. **Plane Pausen ein.** Pausen sind essenziell, um deine Leistungsfähigkeit im Laufe des Tages zu erhalten. Wenn du Pausen direkt in deiner Planung berücksichtigst, reduziert das das Risiko, dass du sie im Gefecht des Alltags vergisst.
3. **Halte deine Planung einfach.** Verkompliziere deine Planung nicht. Vermeide es insbesondere bei der To-do-Liste und dem Tagesplan, zu viele Aufgaben aufzulisten. Nimm dir lieber weniger vor und schaffe das dann wirklich.
4. **Ordne deine Tätigkeiten nach Prioritäten.** Vergib dafür etwa Symbole oder Farbschemata. Erledige die wichtigsten Dinge möglichst früh am Tag, da deine Kräfte dort meist noch am größten sind.
5. **Achte auf Vollständigkeit.** Füge zu einzelnen Aufgaben – wo es Sinn ergibt – Infos hinzu, die du für die Umsetzung dringend benötigst. Hast du etwa einen Anruf zu erledigen, schreibe direkt die Telefonnummer hinter die Aufgabe. So musst du diese nicht erst raussuchen, sondern kannst direkt anrufen.

6. **Formuliere deine Aufgaben möglichst konkret.** So weißt du immer direkt, was zu tun ist. Schreibe zum Beispiel »Kapitel 1 lernen« statt einfach nur »lernen«. Bei der Planung mit Zeitblöcken gilt: Notiere dir zu den einzelnen Blöcken, welche Aufgaben du darin konkret erledigen möchtest.
7. **Zerlege große Aufgaben in Teilaufgaben.** Große Aufgaben können ziemlich überwältigend wirken. Teile sie daher lieber in mehrere kleine Teilaufgaben auf.
8. **Halte deine Planung im Alltag stets gut sichtbar.** So vermeidest du, dass das, was du geplant hast, untergeht und du nicht mehr daran denkst.
9. **Fasse Aufgaben zusammen.** Aufgaben einer Kategorie kannst du wenn möglich zusammenfassen, da so die Aufmerksamkeit seltener zwischen verschiedenen Tätigkeiten hin und her hüpfen muss. Erledige zum Beispiel alle Telefonate hintereinander.
10. **Reflektiere am Tagesende.** Durch eine kurze Reflexion am Tagesende kannst du dir bewusst machen, ob deine Planung das gehalten hat, was du dir davon versprochen hast. Du kannst überprüfen, ob du deine Ziele erreicht hast und welche Maßnahmen oder Verhaltensweisen dich dabei unterstützt oder gehindert haben. Genau diese Erkenntnisse sind sehr wertvoll!

**Zusatztipp:** Lass dich nicht von unerwarteten Aufgaben ablenken. Muss diese plötzlich aufploppende Aufgabe wirklich sofort erledigt werden? Sei ganz ehrlich zu dir. Ist sie wichtiger als das, was du eigentlich vorhattest? Wenn ja, erledige sie, wenn nein, notiere sie dir und kümmere dich später darum.

# KAPITEL 5 AUF GEHT'S IN DIE UMSETZUNG

In diesem Kapitel erfährst du, ...

- … warum unsere Emotionen uns von der Umsetzung abhalten können,
- … welche Denkmuster dich zum Aufschieben verleiten und
- … wie du deine Emotionen beeinflussen kannst, um endlich ins Machen zu kommen.

**Motivationslevel, wenn man ein Vorhaben plant:**

**Motivationslevel, wenn's wirklich an die Umsetzung geht:**

*»Ich liebe es zu planen! Das fällt mir leicht und ich könnte mich stundenlang damit beschäftigen. Wenn es dann aber an die Umsetzung gehen soll, schaffe ich es einfach nicht, das, was ich geplant habe, auch wirklich zu tun.«*

Melissa, 32 Jahre, Arzthelferin aus Berlin

## AUFSCHIEBEN ALS EMOTIONSREGULATION

Dir kommt das garantiert bekannt vor: Du stehst vor einer fest eingeplanten Aufgabe, aber du kannst dich einfach nicht dazu überwinden, sie wirklich zu tun. Du fühlst dich wie blockiert. Woran das liegen kann, haben wir uns in Kapitel 1 bereits angeschaut: Deine Aufgabe löst bestimmte Emotionen in dir aus. Überwiegen Emotionen, die wir nicht gerne fühlen wollen (in diesem Fall etwa Frustration, Versagensangst, Überforderung, Unsicherheit), möchte unser Gehirn uns diese gerne ersparen. Und dementsprechend sucht es einen Weg, sie zu umgehen. Die Lösung, die es uns dabei präsentiert: Wir entscheiden uns, die Sache aufzuschieben. Schlagartig lassen die ganze Anspannung und eben genau diese Emotionen nach. Wir haben unsere Emotionen reguliert, indem wir sie vermieden haben – zumindest für den Moment.
Dieser Effekt wird in vielen Fällen noch verstärkt, indem wir uns statt unserer eigentlichen Aufgabe Dingen zuwenden, die uns Spaß machen oder zumindest leicht von der Hand gehen und ein schnelles Erfolgserlebnis verschaffen. Das sieht dann so aus: Anstatt die Steuererklärung zu machen, schauen wir eine spannende Serie. Anstatt die Studienarbeit zu schreiben, putzen wir ein bisschen die Wohnung. Anstatt uns endlich beim Sportverein anzumelden, müssen wir unbedingt noch neue Sportklamotten shoppen. Das heißt, in dem Moment des Aufschiebens sieht unser Gehirn zwei positive Effekte:

1. Die ungewollten Emotionen lassen nach und
2. wir tun etwas, das uns sogar schöne Emotionen verschafft.

Das Gefährliche daran: Je öfter wir dieses Verhalten wiederholen, desto mehr wird es sich verfestigen.

## DIE SCHATTENSEITE

Du kannst dir jedoch mit Sicherheit denken, dass dieses Verhalten eine Schattenseite hat. Mal davon abgesehen, dass die Aufgabe nicht erledigt ist, beschleicht uns nach einiger Zeit ein schlechtes Gewissen. Wir fühlen uns schlecht dabei, unseren Plan nicht eingehalten zu haben. Dazu kommen vielleicht noch Gedanken wie: »Ich bin so eine Versagerin«. Aber das sind wir nicht! Unser Gehirn verwendet einfach die falsche Strategie für die Bewältigung von Emotionen. Es hat gelernt, schwierige Emotionen zu umgehen, indem es sie vermeidet! Und genau deswegen, ist es so wichtig, sich mit den Emotionen und Gedanken zu beschäftigen, die manchen Aufgaben zugrunde liegen. Nur so finden wir einen Weg aus dem Teufelskreis des Aufschiebens. Lass uns also an unserer Selbstregulation arbeiten.

## IN FÜNF SCHRITTEN ZU EINER BESSEREN SELBSTREGULATION

Wie genau können wir denn jetzt nun besser darin werden, unsere Emotionen und Impulse in Situationen zu regulieren, in denen es förderlich für uns ist? Hier habe ich ein 5-Schritte-Training für dich, mit dem du langfristig an deiner Fähigkeit zur Selbstregulation arbeiten kannst. Die Betonung liegt hier übrigens auf »langfristig«, denn so etwas passiert nicht von heute auf morgen. Nur wenn diese Denkweise immer und immer wieder geübt wird, kann sie sich verfestigen.

1 **Erkennen**

Erkenne, dass du gerade in einer Situation steckst, in der du den sofortigen Impuls verspürst, aufschieben zu wollen.

2 **Gedankenanalyse**

Welche konkreten Gedanken gehen dir gerade durch den Kopf?

3 **Gefühlsanalyse**

Analysiere deine Gefühle, die durch die Gedanken entstanden sind.

4 **Prüfen**

Prüfe kurz, ob diese Gedanken wahr oder falsch sind. Ersetze nicht förderliche Gedanken durch hilfreichere Gedanken.

5 **Strategie entwickeln**

Welches Gefühl würde dir helfen, besser in die Umsetzung zu kommen? Wie kannst du dieses Gefühl erzeugen? Entwickle eine Strategie!

### Schritt 1: Erkenne die Situation und gewinne Abstand

Du kennst es: Du stehst vor einem riesigen Berg von Aufgaben, gefühlt ist alles dringend und superwichtig. Dein Körper rebelliert, dein Kopf sagt instinktiv: »Nein!«, und fügt mit lockender Stimme hinzu: »Dein Fenster sieht ja plötzlich ganz verschmiert aus. Möchtest du das nicht lieber putzen?« Du bist drauf und dran, dich diesem Impuls hinzugeben, aber Stopp! Wir wollen schließlich an unserer Fähigkeit zur Selbstregulation arbeiten.

Im ersten Schritt ist es wichtig zu lernen, solche Situationen, in denen Selbstregulation nötig ist, klar zu erkennen. Das bedarf Übung, denn die Prozesse in deinem Kopf laufen unglaublich schnell ab. (Du erinnerst dich doch noch an unseren Marathonläufer, das limbische System, oder?) Deswegen versuche, einen kühlen Kopf zu bewahren. Atme tief durch. Triff keine vorschnellen Entscheidungen, die dazu führen, die Sache aufzuschieben. Gib dich keinem spontanen ablenkenden Impuls hin, so verlockend er auch sein mag.

Halte einfach kurz inne und beobachte die Situation wie von außen.

## Schritt 2: Analysiere deine Gedanken

Aus Gedanken resultieren Gefühle und unsere Gefühle beeinflussen oft unsere Handlungen.

Deswegen ist folgende Frage wichtig: Welche Gedanken gehen dir in dem Moment, in dem du eine Sache in die Umsetzung bringen wolltest, durch den Kopf? Vielleicht ist es so etwas wie »Ich weiß gar nicht, wo ich anfangen soll«, »Das schaffe ich niemals«, »Es muss perfekt werden, unbedingt« oder »Ich bin nicht in der richtigen Stimmung dazu«.

Genau solche Gedanken in diesen Schlüsselsituationen zu erkennen und zu prüfen, ist essenziell, um dein Aufschieben dauerhaft und nachhaltig zu überwinden. Dabei geht es nicht darum, bestimmte Gedanken oder Gefühle zu unterdrücken. Im Gegenteil: Wir erlauben uns, auch die negativen Gedanken zu denken und die unschönen Gefühle zu fühlen – das können wir ohnehin nicht verhindern. Aber anschließend betrachten wir sie näher und hinterfragen sie. Wir möchten lernen, einen angemessenen Umgang damit zu finden.

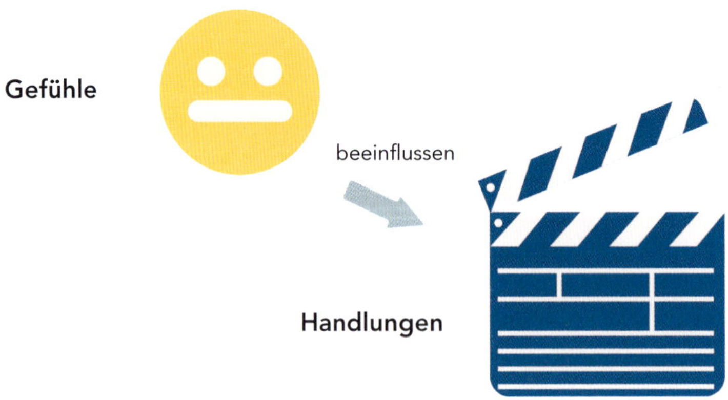

### Schritt 3: Analysiere deine Gefühle

Weiter geht's mit Schritt 3 unseres 5-Schritte-Trainings: Welche Gefühle resultieren aus diesen Gedanken? Kannst du sie benennen? Versuche es einfach mal.

## DU BIST DRAN!

*Kommen dir diese Gedanken und Gefühle bekannt vor? Ergänze eigene konkrete Gedanken und Gefühle.*

| ☹ Negativer Gedanke | ☹ Negatives Gefühl |
| --- | --- |
| »Ich weiß nicht, wo ich anfangen soll.« | Überforderung, Unklarheit |
| »Das schaffe ich nie.« | Unsicherheit, Selbstzweifel |
| »Es muss perfekt werden.« | Angst vor Fehlern, Versagen oder Bewertung von außen |
| | |
| | |
| | |

### Schritt 4: Prüfe, ob deine Gedanken wahr oder falsch sind

Versuche deine Gedanken und Gefühle einmal objektiv zu betrachten: Stimmt das, was du dir da selbst erzählst? *Weißt du wirklich nicht, wo du anfangen sollst? Schaffst du das wirklich niemals? Muss es um jeden Preis perfekt werden? Ist das überhaupt notwendig?* Weißt du was? Nur weil wir diese Gedanken denken, müssen sie nicht automatisch wahr sein. Eine besonders hilfreiche Methode ist es, Ersatzgedanken zu finden. Also deine aktuellen Gedanken durch bessere Gedanken zu ersetzen. Dazu braucht es anfangs zwar etwas Übung und eine Prise Kreativität, aber es lohnt sich, sich damit auseinanderzusetzen.

## DU BIST DRAN!

*Hier habe ich ein paar Ersatzgedanken für die oben genannten Beispiele. Notiere gern weitere positive Gedanken für deine bisherigen negativen.*

| ☹ Negativer Gedanke | ☺ Positiver Gedanke |
|---|---|
| »Ich weiß nicht, wo ich anfangen soll.« | »Ich weiß genau, was ich dagegen tun kann.« |
| »Das schaffe ich nie.« | »Ich habe schon so viele Herausforderungen gemeistert. Ich finde einen Weg.« |
| »Es muss perfekt werden.« | »Unperfekt erledigt ist besser als perfekt aufgeschoben.« |
| | |
| | |
| | |

## Exkurs: Von Klassikergedanken zu Kickstarter-Gedanken

Kennst du diese Gedanken, die unmittelbar vor dem Aufschieben ganz zuverlässig und genau im selben Wortlaut immer wiederkehren? Ich nenne sie gerne die Klassikergedanken. Sie klingen in etwa so:

- »Morgen bin ich bestimmt motivierter.«
- »Das kann ich auch noch später machen.«
- »Ich sollte lieber erst mal …«
- »Ich fange dann morgen an.«
- »Jetzt habe ich keine Zeit mehr dafür.«
- »Der Zeitpunkt ist nicht perfekt.«

Besonders wenn wir das Anpacken von Aufgaben von unserer aktuellen Stimmung oder unserem Motivationslevel abhängig machen, ist das ziemlich gefährlich, denn wir geben uns nur allzu gerne diesen spontanen Impulsen hin.

Was können wir dagegen tun? Die Grundlage ist auch hier: Wir erkennen diese Gedanken als das an, was sie sind: Gedanken, die uns in unserem Handeln blockieren und uns dazu bringen, unsere Aufgaben aufzuschieben! Wir können sie komplett durchleuchten und anschließend durch bessere, hilfreichere Gedanken ersetzen, nämlich durch Kickstarter-Gedanken fürs Handeln. Besonders bei unseren Klassikergedanken ist das eine empfehlenswerte Strategie. Denn wir können uns schon im Voraus Ersatzgedanken zurechtlegen, die wir dann anwenden, wenn es nötig ist.

## DU BIST DRAN!

*Hinderliche Gedanken zu erkennen und sie durch bessere zu ersetzen, erfordert Übung, ist aber eine wichtige Fähigkeit im Umgang mit Aufschieben. Welche zurückhaltenden Gedanken sagst du dir immer wieder aufs Neue? Notiere sie, versuche sie zu hinterfragen und notiere dir Ersatzgedanken. So hast du eine Übersicht über deine persönlichen Kickstarter-Gedanken fürs Handeln, die du bei Bedarf immer wieder hervorholen kannst.*

| Aufschiebe-Gedanke | Kickstarter-Gedanke |
|---|---|
| | |
| | |
| | |
| | |
| | |
| | |
| | |
| | |
| | |
| | |
| | |

## Schritt 5: Die Strategie

Im letzten Schritt steigen wir in die Lösungsstrategie ein. Wir wissen ja bereits, dass unser Gehirn Aufschieben als Strategie für die Bewältigung von Emotionen verwendet. Wir brauchen also eine andere Strategie. Ein Stück weit ist das durch die bewusste Betrachtung unserer Gedanken, die Überprüfung und die Ersatzgedanken schon geschehen. Aber wir gehen noch einen Schritt weiter.

Da die Gedanken und Gefühle, die wir in der betreffenden Situation haben, offensichtlich auf direktem Weg dazu führen würden, dass wir die Aufgabe aufschieben, können wir uns gut am Gegenteil orientieren, um eine Lösung für die Regulation zu finden. Zu überlegen ist also, welches gegenteilige, positive Gefühl uns direkt dazu bringt, unsere Aufgabe anzugehen.

Anschließend müssen wir natürlich auch noch wissen, wie wir diese Zustände, die wir als Gegenteil oder Helfer identifiziert haben, erreichen können. Keine Sorge! Mit einiger Übung wirst du deine Standardstrategien entwickelt haben. Diese helfen dir irgendwann zuverlässig, ohne dass du vorher lange überlegen musst.

## DU BIST DRAN!

*Hier habe ich ein paar positive Gegenbeispiele für die oben genannten Gefühle. Notiere gern weitere.*

| Negativer Gedanke | Negatives Gefühl | Positives Gefühl |
|---|---|---|
| »Ich weiß nicht, wo ich anfangen soll.« | Überforderung, Unklarheit | Klarheit, genau wissen, was zu tun ist |
| »Das schaffe ich nie.« | Selbstzweifel | Selbstvertrauen |
| »Es muss perfekt werden.« | Angst vor Fehlern oder Bewertung | Selbstbewusstsein, Selbstvertrauen |
| | | |
| | | |

Und wie kannst du diese Zustände auf der rechten Seite der Tabelle nun herbeiführen? Frage dich doch beispielsweise einmal: Was hast du das letzte Mal getan, als du dich überfordert gefühlt hast? Ideen gefällig? Kreuze an, welche Strategie du vielleicht schon einmal angewendet hast.

- ☐ Ich habe alle Sachen aufgeschrieben, die in meinem Kopf herumspukten.
- ☐ Ich habe Priorisierungshilfen angewendet.
- ☐ Ich habe mit jemandem gesprochen, um meine Gedanken zu ordnen.
- ☐ Ich habe meine Aufgaben in winzige Schritte heruntergebrochen.
- ☐ Ich habe jemanden um Hilfe gebeten.

## LÖSUNGSSTRATEGIEN ENTWICKELN – INSPIRATION

Ich möchte dir gerne noch etwas Inspiration für bestimmte Lösungsstrategien mit auf den Weg geben. Die folgenden Methoden und Vorgehensweisen kannst du in den verschiedensten Situationen in deinem Alltag anwenden.

Wenn du dich darauf einlässt, wirst du im Laufe der Zeit eine wertvolle persönliche Sammlung von solchen bewährten Lösungsansätzen aufbauen, die dir dabei helfen werden, verschiedene Herausforderungen erfolgreich anzugehen und dich ins Handeln zu bringen. Dabei gilt das altbewährte Motto: Übung macht den Meister. Das Beste, was du tun kannst: testen, testen, testen. Experimentiere mit verschiedenen Ansätzen, bis du diejenigen findest, die am besten zu dir und deinen Bedürfnissen passen. Sei dabei offen für neue Ideen und sei nicht entmutigt, wenn nicht jede Strategie sofort den gewünschten Erfolg bringt. Jeder Versuch ist eine tolle Gelegenheit, etwas über dich und dein Verhalten zu lernen. Nur auf diese Weise kannst du feststellen, welche Herangehensweisen für dich am besten funktionieren, und lernen, wie du dich am effizientesten zur Umsetzung motivieren kannst.

## Stelle dir einen Timer

Wann immer du dich antriebslos fühlst und den letzten Kick brauchst, um ins Handeln zu kommen, ist die Timer-Methode hervorragend geeignet. So geht's:

1. Stelle dir einen Wecker auf eine kleine Zeiteinheit von etwa 10 oder 15 Minuten.
2. Arbeite zunächst nur für diese Zeit fokussiert an deiner Aufgabe.
3. Entscheide nach Ablauf der Zeit, ob du noch weitermachst oder aufhörst.

Dadurch, dass du von vornherein beschließt, nur für kurze Zeit, dafür aber konzentriert an deiner Aufgabe zu arbeiten, kommst du mit viel geringerer Wahrscheinlichkeit in die Versuchung, das Ganze aufzuschieben. Die Hemmschwelle ist weitaus geringer, als wenn du dir vornehmen würdest, mehrere Stunden an deiner Aufgabe arbeiten.
Gleichzeitig wirst du sehen, dass du in 90 Prozent der Fälle nach Ablauf der Zeit noch weitermachst. Warum das so ist? Weil der kritische Punkt des Anfangens überwunden ist. Motivation kommt mit dem Tun. Wenn wir uns überwunden haben und erst einmal handeln, baut sich die Motivation in vielen Fällen von selbst auf und wir wollen sogar dranbleiben und die Aufgabe komplett abschließen.

## Zerlege die Aufgabe in Teilaufgaben

In Situationen, in denen du dich überfordert fühlst oder dir denkst, dass deine Aufgabe zu schwierig ist, kann es hilfreich sein, sie in kleine Teilaufgaben herunterzubrechen. Das setzt die Hemmschwelle, mit der Aufgabe zu starten, extrem herab. Zerlege deine Aufgaben also in so viele Minischritte, dass du dir bei jedem Schritt denkst: »Das schaffe ich doch locker!« Das kann dann so aussehen:

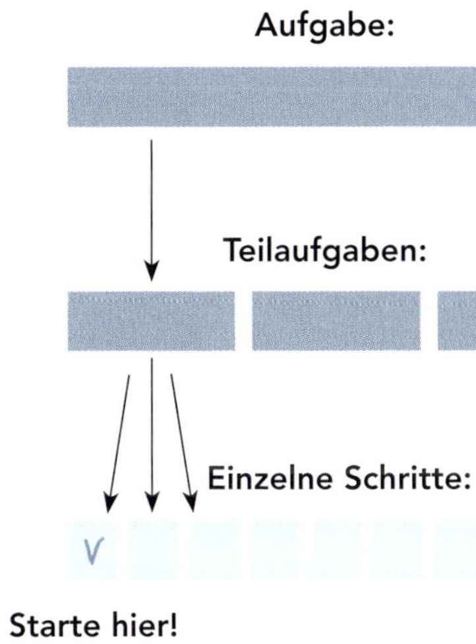

## Füge angenehme Gefühle zur Aufgabe hinzu

Wenn unschöne Emotionen in Bezug auf deine Aufgabe überwiegen, versuche doch mal, positive Gefühle hinzuzufügen. Ob das eine sinnvolle Strategie ist, hängt natürlich stark von deiner Aufgabe ab. Ich möchte dir trotzdem ein paar Inspirationen an die Hand geben:

- Gestalte dein Umfeld angenehm.
- Zieh dir etwas Bequemes an.
- Lege leise Musik auf.
- Höre einen Podcast oder ein Hörbuch. Das ist besonders hilfreich bei Haushaltstätigkeiten.
- Arbeite mit Hilfsmitteln.
- Arbeite im Café statt am Schreibtisch.
- Erledige gleich morgens die schwierigste Aufgabe und genieße die anschließende Leichtigkeit, die sich garantiert einstellen wird.
- Stelle dir dein Lieblingsgetränk oder einen Snack bereit.
- Höre ein motivierendes Lied, bevor du loslegst.
- Lies motivierende Gedanken oder schreibe sie auf.
- Tu so, als wärst du bereits eine Person, die die Dinge anpackt und erfolgreich umsetzt, und »imitiere« dieses umsetzungsstarke Verhalten.
- Lege eine Belohnung fest.
- Schau dir ein Video an, wie jemand anderes etwas macht, das du selbst tun musst, oder filme dich selbst dabei und schaue dir dieses Video in zukünftigen Situationen an.
- Hole dir jemanden mit einer ähnlichen Aufgabe zu Hilfe und setzt euch gemeinsam dran, jeder an die eigene Aufgabe.

## Ein Beispiel zum Schluss: So könnte Selbstregulation im Alltag aussehen

Stell dir vor, du hast geplant, um 10 Uhr mit deiner Studienarbeit anzufangen. Nun ist es kurz vor 10 und du kannst dich nicht dazu aufraffen. Die Studienarbeit ist nämlich eine ziemlich große Sache, vor der du ohnehin viel Respekt hast. Sofort schießt dir der Gedanke durch den Kopf: »Ich glaube, ich lass es heute. Ich bin überhaupt nicht ausreichend motiviert dazu. Morgen geht's bestimmt besser.«

Da du dieses Muster aber mittlerweile kennst, fängt deine Alarmglocke an zu läuten! Denn du enttarnst diesen Gedanken als Klassikergedanken, um aufzuschieben. Also, nicht mit dir! Du prüfst: Ist der Gedanke überhaupt wahr? Wahrscheinlich nicht, denn du weißt insgeheim schon, dass du morgen genauso »unmotiviert« sein wirst wie heute. Dass nicht Motivationslosigkeit, sondern Unklarheit und Überforderung dahintersteckt, erkennst du natürlich auch recht schnell. Du weißt einfach nicht genau, wie du die Studienarbeit angehen sollst.

Du erkennst: »Morgen werde ich genauso wenig motiviert sein. Ich werde morgen vor der gleichen Herausforderung stehen wie heute.«

Du beschließt: »Ich werde mir nun ein großes leeres Blatt Papier zur Hand nehmen und eine große Mindmap zeichnen mit allen offenen Fragen, die ich bezüglich der Studienarbeit habe. Das ist eine leichte Aufgabe und somit komme ich erst mal überhaupt ins Handeln.« Dieser Gedanke nimmt dir den inneren Druck und du machst dich an die Arbeit.

# KAPITEL 6
# DEINE ENERGIE-RESERVEN UND DEIN INNERER AKKU

In diesem Kapitel erfährst du, ...

- ... wie sich Stress auf dein Handeln auswirkt,
- ... warum Pausen so wichtig sind und wie dir aktive Pausen dabei helfen, deinen inneren Akku aufzuladen, und
- ... wie du Zeit für dich schaffen kannst, auch wenn dein Alltag es vermeintlich nicht zulässt.

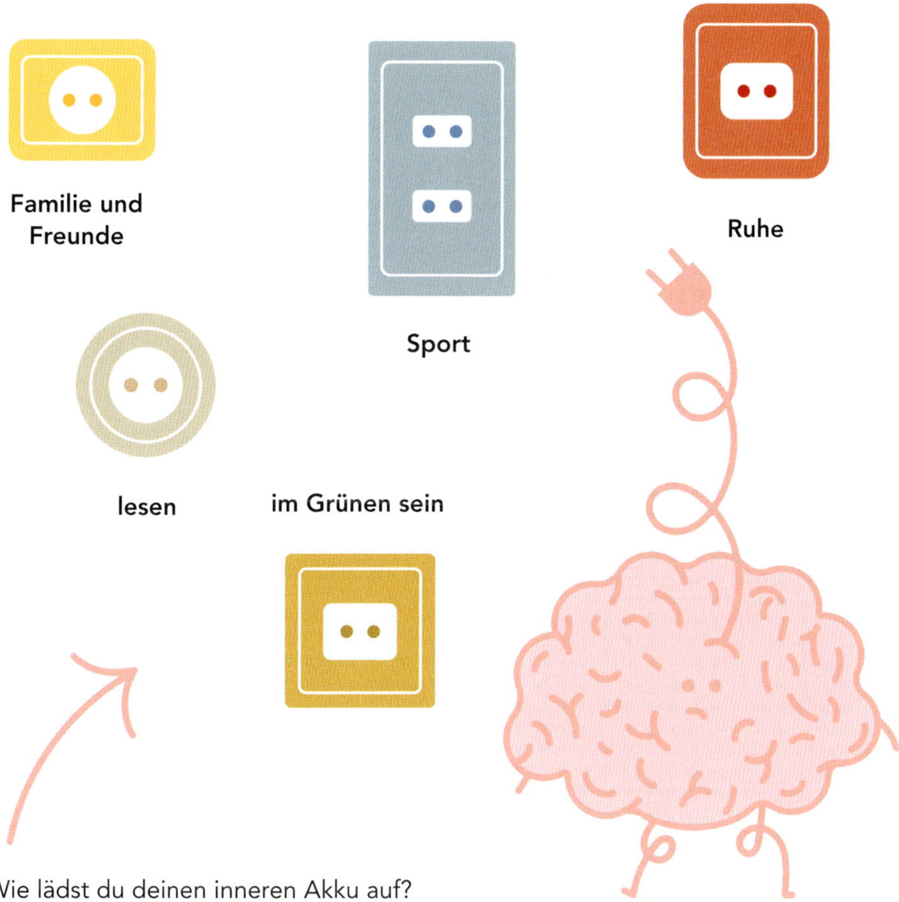


Wie lädst du deinen inneren Akku auf?

*»Ich merke es jedes Mal deutlich. Wenn ich mich nicht gut fühle und mich selbst oder die Dinge, die mir guttun, vernachlässige, schaffe ich es nicht, mich herausfordernden Dingen zu widmen. Es ist, als wenn der Stecker gezogen wurde.«*

Johannes, 27 Jahre, Lehrer aus Hamburg

## WARUM STRESS UNSER HANDELN BLOCKIERT

Wir erinnern uns: Um Selbstregulation ausüben zu können und vom Aufschieben ins Tun zu kommen, muss insbesondere der rationale Teil unseres Gehirns, der präfrontale Cortex, in Aktion treten. Er muss eventuelle negative Emotionen regulieren, die wir mit der bevorstehenden Aufgabe verbinden, und sich gegen spontane Impulse durchsetzen, zum Beispiel wenn wir beschließen wollen, lieber etwas anderes zu tun.
Und was beeinträchtigt diesen Teil unseres Gehirns und damit unsere Fähigkeit zu handeln? Unser aktueller Zustand! Steht unser innerer Akku bei null und wir fühlen uns total erschöpft, müde und ausgelaugt, haben wir wohl kaum die Energie, uns einer schwierigen Aufgabe zu widmen. Das schlägt auf unsere Stimmung, wir fühlen uns gestresst und empfinden alles als Belastung. In der Folge möchte unser Gehirn uns zu etwas hinlenken, das diesen Stress senkt. Wir sind anfällig für alle Arten von Versuchungen und geben diesen auch mit höherer Wahrscheinlichkeit nach, anstatt uns den Dingen zu widmen, die wir eigentlich tun wollten. Kurzfristig mag das funktionieren, doch langfristig erzeugt das noch mehr Stress. Ein ewiger Kreislauf. Fühlen wir uns dagegen fit und erholt, könnten wir wohl Bäume ausreißen und hätten danach noch Energie übrig.

Wer würde wohl eher eine schwierige Aufgabe anpacken?

## SO WIRKT SICH STRESS AUF DEINEN INNEREN AKKU AUS

Um uns – wenn es darauf ankommt – selbst regulieren zu können, müssen wir also darauf achten, dass wir unseren inneren Akku regelmäßig aufladen. Wie das geht? Auf der einen Seite können wir darauf achten, dass sich unser Akku weniger schnell entlädt. Wir könnten zum Beispiel die Belastungen und Anforderungen unseres Alltags einer kritischen Prüfung unterziehen. Auf der anderen Seite können wir unseren inneren Akku aktiv aufladen, indem wir Dinge in unseren Alltag einbauen, die uns guttun und Energie spenden.

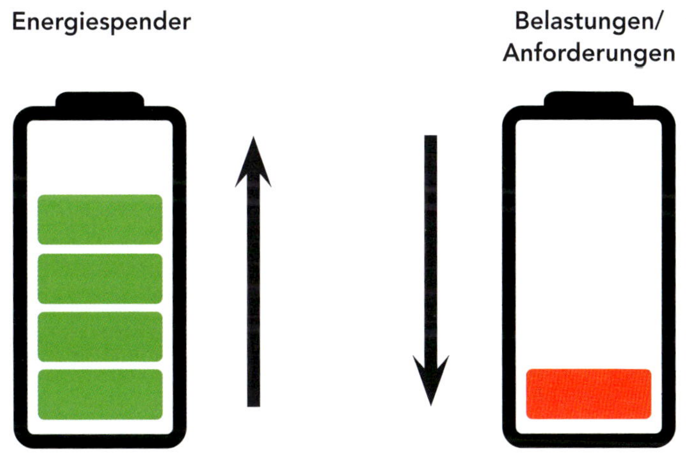


Wenn wir es schaffen, unseren Energietank stets angemessen befüllt zu halten, führt das zu mehr Zufriedenheit, Lebensfreude, Ausgeglichenheit und positiven Emotionen. Und dann kommen wir auch besser mit Dingen klar, die mal nicht so Spaß machen. Schauen wir uns im folgenden Abschnitt also zuerst unsere Energiefresser, unsere Belastungen an.

## ENERGIEFRESSER IM ALLTAG

Ich habe dir hier mal ein paar typische Belastungen im Alltag aufgelistet, die vermutlich jeder von uns kennt:

- Schlafmangel
- permanenter Stress
- unzureichende Selbstfürsorge
- unordentliche Umgebung
- gesundheitliche Probleme
- Energietiefs durch Hunger
- zu viel Bildschirmzeit
- zu wenig Zeit für das, was uns wirklich erfüllt
- Konflikte
- Überforderung

Natürlich gibt es noch viele weitere, individuelle Belastungen im Alltag, die dir deine Energie rauben können. Da das für jeden von uns anders aussieht, ist es hilfreich, wenn du eine individuelle Analyse für deinen Alltag machst. Nur so kannst du Lösungsstrategien entwickeln, die wirklich für dich passen. Leidest du beispielsweise unter Schlafmangel, könntest du dich in Zukunft um besseren Schlaf bemühen und das zu einer Priorität in deinem Alltag machen. Ist es eine unordentliche Umgebung, die dir immer wieder Kraft kostet, könntest du eine neue Aufräumroutine etablieren. Hast du zu wenig Dinge, die dich wirklich erfüllen in deinem Alltag, ergibt es vielleicht Sinn, konsequent darauf zu achten, solche erfüllenden Dinge in deinen Tag zu integrieren.
Damit du optimal in die Umsetzung kommst, habe ich hier eine kleine Anleitung für dich.

## So reduzierst du deine Energiefresser

1. **Identifiziere deine größten Energiefresser.**
   Wenn dir das noch schwerfällt, hilft vielleicht folgende Übung: Stell dir vor, deine beste Freundin sitzt neben dir und du willst mal so richtig Dampf ablassen. Schnapp dir ein Blatt Papier und schreibe alles auf, was dich an deinem Alltag so richtig nervt. Finde dabei mindestens drei Dinge, die dir am meisten Energie im Alltag entziehen.

2. **Brainstorme mögliche Maßnahmen.**
   Nimm dir einen Energiefresser nach dem anderen vor, stelle einen Wecker auf insgesamt 10 bis 15 Minuten und brainstorme mögliche Maßnahmen, wie du deinen Energiefressern den Kampf ansagen kannst.

3. **Verändere einen Energiefresser.**
   Entscheide dich, auf welchen Energiefresser du dich zunächst konzentrieren möchtest, und fange an, ein paar kleine Veränderungen in deinen Alltag zu integrieren.

4. **Beobachte deinen Energielevel.**
   Beobachte, was das mit dir und deiner Energie macht. Passe gegebenenfalls Maßnahmen an und nimm dir anschließend weitere Energiefresser vor.

## ENERGIESPENDER IM ALLTAG

Echte Stresslinderung können wir dadurch erreichen, dass wir präventiv und regelmäßig Dinge in unseren Alltag einbauen, die unsere Ressourcen auffüllen. Auch für diese Energiespender habe ich dir hier ein paar typische Beispiele aufgelistet:

- aufgefüllte Grundbedürfnisse
- (aktive) Pausen
- genügend Zeit für Hobbys
- Selbstverwirklichung
- soziale Kontakte
- Bewegung/Sport
- gesunde Ernährung
- Meditation
- Zeit in der Natur
- Selbstfürsorge

Die Basis sollten natürlich immer aufgefüllte Grundbedürfnisse sein. Sonst kann unser Gehirn nicht optimal arbeiten und uns fällt jede Umsetzung eines Vorhabens schwerer als nötig. Finde deine eigenen, individuellen Energiespender und baue sie konsequent in den Alltag ein. Damit du optimal in die Umsetzung kommst, habe ich auch hier eine kleine Anleitung für dich.

## So steigerst du deine Energiespender

1. **Identifiziere deine größten Energiespender.**
   Wenn dir das noch schwerfällt, hilft vielleicht folgende Übung: Schließe die Augen und gehe einen typischen Tag in deinem Alltag von morgens bis abends durch. Wie wäre der Idealzustand? Was würdest du tun? Wie sollte deine Umgebung aussehen? Wie würdest du dich fühlen? Finde dabei mindestens drei Dinge, die dir am meisten Energie im Alltag geben würden.

2. **Brainstorme mögliche Maßnahmen.**
   Nimm dir einen Energiespender nach dem anderen vor, stelle einen Wecker auf insgesamt 10 bis 15 Minuten und brainstorme Möglichkeiten, um diese öfter – bestenfalls täglich – in deinen Alltag zu integrieren.

3. **Verändere einen Energiespender.**
   Entscheide dich, auf welchen Energiespender du dich zunächst konzentrieren möchtest, und fange an, ein paar kleine Veränderungen in deinen Alltag zu integrieren.

4. **Beobachte deinen Energielevel.**
   Beobachte, was das mit dir und deiner Energie macht. Passe gegebenenfalls Maßnahmen an und nimm dir anschließend weitere Energiespender vor.

## AKTIVE PAUSEN SIND WICHTIG

Es ist ein allgemeiner Irrglaube, dass Nichtstun die beste Lösung ist, um unseren Akku im Alltag aufzuladen. Stattdessen ist es nämlich oft viel sinnvoller, aktiv das zu tun, was unseren inneren Akku *wirklich* auflädt. (Zugegeben, nichtsdestotrotz ist Nichtstun natürlich auch mal schön.)
Dabei gilt außerdem: Lege Pausen präventiv ein, das heißt am besten, bevor die große Erschöpfung überhaupt eintreten kann.

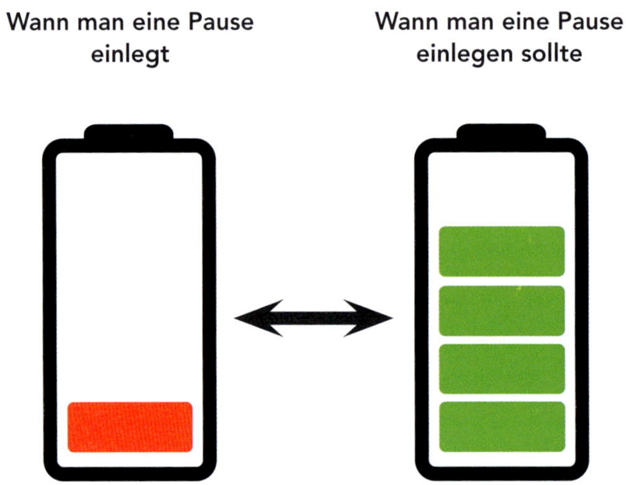


Minipausen sind übrigens supereffektiv. Minipausen sind kleine Erholungspausen von 5 bis 15 Minuten, die du ganz leicht in deinen Alltag integrieren kannst. In diese kannst du dann auch deine persönlichen Energiespender einfließen lassen. Regelmäßig angewendet, können sie einen Teil dazu beitragen, deinen inneren Akku aufgeladen zu halten.
Zur Inspiration habe ich dir auf der rechten Seite ein paar Ideen für Minipausen zusammengestellt.

## Minipausen für deinen Alltag

Je nachdem, wie viel Zeit du hast, kannst du dir aus der folgenden Liste Ideen für Pausen herauspicken. Mein Tipp: Probiere dich durch alle Minipausen und hake ab, was du bereits ausprobiert hast. Um dich in der kurzen Zeit *wirklich* zu entspannen, ist es wichtig, dass du die Pausen ganz bewusst und mit voller Aufmerksamkeit ausführst.

### 5 bis 10 Minuten

- [ ] ein paar Seiten lesen
- [ ] dich etwas dehnen
- [ ] Lieblingsmusik hören
- [ ] in die Sonne setzen und genießen
- [ ] ein paar Gedanken notieren
- [ ] eine Tasse Kaffee oder Tee mit allen Sinnen genießen
- [ ] ein Instrument spielen
- [ ] Dinge aufschreiben, für die du dankbar bist
- [ ] Atemübungen machen
- [ ] kurz nach draußen gehen und die frische Luft genießen
- [ ] Schulter, Nacken oder Gesicht massieren

### 10 bis 15 Minuten

- [ ] einen Spaziergang machen
- [ ] dich deinem Hobby widmen
- [ ] eine Meditation machen
- [ ] hinlegen, die Augen schließen und deine Gedanken schweifen lassen
- [ ] ein Hörbuch oder einen Podcast hören
- [ ] eine gute Freundin anrufen
- [ ] ein Mandala ausmalen
- [ ] einen kurzen Power Nap machen
- [ ] ein Buchkapitel lesen
- [ ] ein kurzes Yoga- oder Pilates-Workout machen
- [ ] Rätsel wie Sudoku oder Kreuzworträtsel lösen

## »DAFÜR HABE ICH KEINE ZEIT« – IST DAS WIRKLICH SO?

»Wo soll ich denn die Zeit für all die Pausen und die Me-Time hernehmen?«, fragst du dich jetzt vielleicht. Ich verrate dir etwas: Keiner wird kommen und sagen: »Hier, nimm dir die Zeit!« Und wenn du wartest, bis keine anderen Aufgaben mehr da sind, damit du dir Zeit für dich nehmen kannst, wird dieser Zeitpunkt ebenfalls niemals kommen. Wir müssen also aktiv etwas dafür tun, uns die Zeit dafür zu schaffen. Wir müssen lernen, uns auch mal auf Prio 1 zu setzen.

Sieh Dinge, die deinen Akku aufladen, nicht als Zeitfresser an, sondern als das, was sie wirklich sind: Energiespender und Dinge, die den Alltag schön machen. Manchmal hilft es, die Perspektive zu wechseln: Würdest du einem geliebten Menschen eher raten, bis zur Erschöpfung zu arbeiten? Oder würdest du ihn ermutigen, auf sich achtzugeben und auch die Dinge zu tun, die ihm Spaß machen und guttun?

Und sind wir doch mal ehrlich. Wie oft scrollen wir stundenlang am Handy und schauen uns sinnlose Videos oder den Alltag von Personen an, die wir nicht einmal kennen? Könnten wir von dieser Zeit nicht einen Anteil in uns selbst und unser Wohlbefinden investieren?

Auf der rechten Seite erwartet dich eine tolle Challenge, um einen kleinen Teil deiner Handyzeit in etwas anderes zu investieren. Und in Kapitel 7 schauen wir uns das Thema Smartphones dann noch etwas konkreter an.

# DU BIST DRAN!

*Hier kommt deine 7-Tage-Challenge für weniger Bildschirmzeit und mehr Energie: Leg dein Handy eine Woche lang täglich für 15 Minuten weg und widme dich in dieser Zeit bewusst einem deiner persönlichen Energiespender. Mach jeden Tag ein Häkchen, wenn du es geschafft hast, und notiere zudem die Aktivität, die dir währenddessen Energie gespendet hat.*

- [ ] Tag 1 Mein Energiespender: ..................................
- [ ] Tag 2 Mein Energiespender: ..................................
- [ ] Tag 3 Mein Energiespender: ..................................
- [ ] Tag 4 Mein Energiespender: ..................................
- [ ] Tag 5 Mein Energiespender: ..................................
- [ ] Tag 6 Mein Energiespender: ..................................
- [ ] Tag 7 Mein Energiespender: ..................................

Du kannst dir die Challenge übrigens auch herunterladen (s. Seite 9) und immer wieder aufs Neue machen.

# KAPITEL 7
# WENIGER ABLENKUNG, MEHR FOKUS

In diesem Kapitel erfährst du, ...

- ... welche Ablenkungsimpulse in deinem Alltag lauern,
- ... welche Strategien du anwenden kannst, um diesen Ablenkungen zu widerstehen, und
- ... wie du aktiv deinen Fokus dort halten kannst, wo du es möchtest.

*»Meine größte Schwachstelle sind Ablenkungen. Ich lasse mich viel zu schnell und zu gerne ablenken und dadurch von meinen eigentlichen Vorhaben abbringen.«*

Lisa, 19 Jahre, Schülerin aus Bamberg

## DAS HANDY ALS FOKUSKILLER!

Unsere Smartphones sind mittlerweile zu einem unverzichtbaren Teil unseres Lebens geworden. Allerdings sind sie Fluch und Segen zugleich. Sie ermöglichen es uns, ständig erreichbar zu sein und auch andere jederzeit erreichen zu können. Zudem können wir dank ihnen auf eine Fülle von wertvollen Informationen zugreifen. Doch die ständige Verfügbarkeit kann auch zu einem riesigen Ablenkungsfaktor werden.
Ich denke, du kennst das auch: Du bist mitten in der Ausführung einer Aufgabe und wirst von einer plötzlich aufploppenden Benachrichtigung unterbrochen. Dein Impuls lautet sofort: »Nur ganz kurz schauen, was es Neues gibt.« Und plötzlich findest du dich in einem endlosen Strom von Nachrichten, E-Mails und Social-Media-Posts wieder.
Versteh mich nicht falsch, Handys sind tolle Alltagshelfer. Deswegen finde ich es falsch, sie zu verteufeln. Dennoch: Einen angemessenen, gesunden Umgang damit zu finden, halte ich heutzutage für essenziell. Du musst nicht 24/7 für alles und jeden erreichbar sein. Gönn dir Auszeiten.

Wie können wir also dafür sorgen, dass das Handy unseren Projekten, Aufgaben und eigentlichen Prioritäten nicht länger im Weg steht? Damit du einen Anfang findest, habe ich einen Plan für dich aufgestellt.

## Anleitung für eine sinnvolle Handynutzungszeit

**1. Analysiere dein Handynutzungsverhalten.**

Realisiere, wie viel Zeit du täglich am Handy verbringst und welche Apps oder Funktionen dich am meisten ablenken. Sieh hierfür in den Einstellungen deines Handys nach. Notiere dir deine aktuelle tägliche und/oder wöchentliche Bildschirmzeit und die meistgenutzten Apps. So kannst du nach einiger Zeit einen Vergleich ziehen.

**2. Minimiere deine App-Anzahl.**

Prüfe die Liste der installierten Apps und lösche alle, die dich viel zu oft sinnlos ablenken. Die meisten wirst du nicht einmal vermissen.

**3. Definiere klare Regeln für dein Handynutzungsverhalten.**

Hier ein paar Ideen für dich, aus denen du gerne auswählen kannst:

- ○ Lege handyfreie Zonen in deinem Zuhause fest. Das können entweder bestimmte Räume sein oder explizite Bereiche, etwa der Esstisch.
- ○ Integriere Handy-Auszeiten in den Alltag. Lege hierfür Uhrzeiten fest.
- ○ Nimm das Handy nicht mit ins Schlafzimmer, auch nicht, um das Aufstehen und Einschlafen zu erleichtern. Lege dir gegebenenfalls einen analogen Wecker zu.
- ○ Lege in den Handy-Einstellungen ein Limit für deine Bildschirmzeit fest.
- ○ Wenn du etwas Wichtiges tust, lege das Handy immer an einen anderen Platz außerhalb deiner Sichtweite.

**4. Finde Alternativen.**

Finde alternative Aktivitäten für das Scrollen am Handy. Etabliere Ersatzgewohnheiten. Überlege, welche Hobbys oder Interessen du hast und wie du diese verfolgen kannst, ohne dein Handy zu benutzen. Hierfür kannst du dich wunderbar an deinen Energiespendern bedienen.

## SCHLUSS MIT ABLENKENDEN GEDANKEN

»Ach komm, lass es doch jetzt, du hast fürs Erste genug getan.« »Ich muss nur noch schnell …« »Oh stimmt, ich wollte doch unbedingt noch diese eine Sache googeln …« Solch ablenkende Gedanken, die gern auftauchen, während wir uns mit einer schwierigen oder unangenehmen Aufgabe beschäftigen, kennen wir alle.

Mittlerweile wissen wir: Unser Gehirn möchte gerne Energie sparen und uns somit meistens schon aus Gewohnheit zu etwas hinlenken, das weniger Energie erfordert, als sich einer schwierigen Sache zu widmen. Das alles passiert innerhalb von Sekunden. (Du erinnerst dich an dein blitzschnelles limbisches System?)

Doch was kann man dagegen tun? Um dich von diesen ablenkenden Impulsen loszulösen und deine Gedanken in die richtigen Bahnen zu lenken, ist erneut Selbstregulation gefragt. Du kannst dich also wunderbar an das 5-Schritte-Training aus Kapitel 5 halten. Auch hier lautet nämlich das oberste Gebot: Sei achtsam diesen Situationen gegenüber und beobachte, ob der Impuls nicht vielleicht von selbst abklingt. Klingt leichter gesagt als getan? Auf der nächsten Seite habe ich eine kleine Anleitung für dich, die du in deinem Alltag ausprobieren kannst, wenn dir ein Gedanke kommt, der dich gern von deiner eigentlichen Aufgabe ablenken will.

## Anleitung, um unterstützende Gedanken zu kreieren

Stell dir vor, du bist gerade dabei, ein Kapitel deiner Studienarbeit zu schreiben, als dir der Gedanke in den Kopf schießt: »Ich wollte ja noch googeln, wann das Restaurant aufmacht und was es dort so zu essen gibt.« Wir wissen alle, dass wir von einer »Recherche« in die nächste rutschen, wenn wir das Handy erst einmal entsperrt haben. Was also tun?

1. Registriere den Gedanken – begib dich keinesfalls direkt in die Handlung.
2. Schnapp dir ein Blatt Papier und schreibe deinen Gedanken auf. Nach einiger Übung geht das dann auch im Kopf.
3. Hinterfrage kritisch und mit logischem Verstand: Muss das wirklich jetzt sein?
4. Schreibe einen besseren Gedanken auf, hier einige Beispiele:

- »Jetzt kümmere ich mich erst um meine Aufgabe. Der Gedanke ist notiert, das heißt, ich kann mich später um das Restaurant kümmern.«
- »Ich mache das, was ich mir vorgenommen habe, und lasse mich von solchen Einfällen meines Gehirns nicht davon abbringen.«
- »Ich bin stark genug, diesem Impuls zu widerstehen.«
- »Ich weiß, dass dieser Impuls nicht logisch ist, und ich weiß genau, was jetzt zu tun ist.«

Idealerweise sollte dadurch der ablenkende Impuls kleiner geworden sein. Klappt das nicht gleich beim ersten Mal, setz dich nicht unter Druck. Natürlich bedarf das einiger Übung. Trainiere es immer wieder in deinem Alltag – es lohnt sich!

## WIE ZEITMANAGEMENT-TECHNIKEN DABEI HELFEN KÖNNEN, DEN FOKUS ZU HALTEN

Egal ob das Handy in unserer Tasche, unsere eigenen Gedanken, die uns in alle Richtungen ziehen, das ständig blinkende E-Mail-Programm auf dem Bildschirm, die verlockenden Benachrichtigungen von sozialen Medien oder sogar Unterbrechungen durch andere Personen – Ablenkungen lauern im Alltag an jeder Ecke und fordern unsere Aufmerksamkeit. Da kann es zugegeben manchmal ziemlich schwierig sein, sich auf seine Aufgaben zu konzentrieren und das auszuführen – und vor allem auch zu beenden –, was wir uns vorgenommen haben.

Um produktiv zu sein und unsere Vorhaben erfolgreich zu erledigen, ist es entscheidend, unsere Aufmerksamkeit bewusst auf das zu richten, was vor uns liegt. Wir müssen unsere Konzentration bei der Sache – und *nur* bei der Sache – halten, um die wir uns gerade kümmern.

Was immens dabei hilft, sind Strategien, die vielen von uns jedoch fehlen. Es ist also höchste Zeit, das zu ändern.

## Drei Tools, die dein Arbeitsverhalten revolutionieren können

Auf den folgenden Seiten stelle ich dir drei Strategien aus dem Zeitmanagement vor, die dir garantiert dabei helfen werden, den Fokus zu halten, dich besser auf deine Aufgaben zu konzentrieren und effizienter vorzugehen.

1 | **Parkinson'sches Gesetz**

2 | **Pomodoro-Technik**

3 | **Pareto-Prinzip**

## TOOL 1: DAS PARKINSON'SCHE GESETZ

Das Parkinson'sche Gesetz ist gewissermaßen ein Grundsatz des Zeitmanagements und lautet: Arbeit dehnt sich in dem Maße aus, wie Zeit für ihre Erledigung zur Verfügung steht. Das heißt im Klartext: Nimmst du dir für eine Aufgabe viel Zeit, wirst du auch genau so viel Zeit brauchen. Verknappst du die Zeit jedoch künstlich, wirst du es in vielen Fällen auch in weniger Zeit schaffen. Um es noch konkreter zu machen: Wenn du eine Aufgabe vor dir hast, die du innerhalb einer Stunde erledigen könntest, aber stattdessen den ganzen Tag dafür Zeit hast, wirst du höchstwahrscheinlich den ganzen Tag damit verbringen (oder zumindest deutlich länger als eine Stunde).
So weit, so gut. Und wie kann uns dieses Phänomen nun dabei helfen, ins Machen zu kommen? Indem wir uns selbst ein Zeitlimit setzen und uns verpflichten, innerhalb dieses Zeitrahmens fertig zu werden. Wir bringen uns dadurch dazu, effizienter zu arbeiten, uns weniger ablenken zu lassen und uns auf das zu konzentrieren, was wirklich wichtig ist. Das ist zudem eine ideale Methode für Aufgaben, die dir langweilig oder reizlos erscheinen, aber dennoch erledigt werden müssen.

Wie lange du **eigentlich** für die Aufgabe brauchen würdest:

Wie viel Zeit du zur Verfügung hast:

Wie lange du dann **tatsächlich** für die Aufgabe brauchst:

## DU BIST DRAN!

*Hier habe ich ein paar praktische Anwendungsbeispiele für das Parkinson´sche Gesetz für dich. Hake ab, was du erfolgreich ausprobiert hast.*

- [ ] **Aufräumen oder Organisieren:** Setze dir eine begrenzte Zeit, um bestimmte Bereiche in deinem Zuhause aufzuräumen. Gib dir beispielsweise 10 Minuten, um so viele Dinge wie möglich aufzuräumen. Diese kurzen, intensiven Aufräumrunden können dazu beitragen, dass dein Wohnraum ordentlicher bleibt.

- [ ] **Besprechungen:** Setze Zeitbegrenzungen für Besprechungen. Durch das Festlegen einer maximalen Dauer zwingt man sich und andere dazu, sich auf das Wesentliche zu konzentrieren.

- [ ] **Kreative Aufgaben:** Setze dir bewusst begrenzte Zeiträume für Projekte oder Aufgaben, die Kreativität erfordern. Indem du dich selbst dazu anhältst, innerhalb eines engen Zeitrahmens zu arbeiten, kannst du deine Kreativität stimulieren und gibst Selbstkritik und übermäßigem Grübeln erst gar keine Chance.

- [ ] **Entscheidungsfindung:** Wenn du vor einer wichtigen Entscheidung stehst, setze dir ein Zeitlimit, um beispielsweise Vor- und Nachteile abzuwägen. Die begrenzte Zeit hilft dir dabei, dich auf die wesentlichen Faktoren zu fokussieren.

- [ ] **Pausen:** Probiere doch mal, dir eine begrenzte Zeit zu setzen, um etwas zu tun, das dir so richtig guttut. Diese kurzen Power-Pausen sind optimal für deinen inneren Akku.

## TOOL 2: DIE POMODORO-TECHNIK

Die Pomodoro-Technik nach Francesco Cirillo ist eine beliebte Methode, die darauf abzielt, die Produktivität durch effektives Zeitmanagement zu steigern. Sie bedient sich übrigens ebenfalls des Parkinson'schen Gesetzes.
Die Methode besteht aus folgenden Schritten:

1. Wähle eine Aufgabe aus, die erledigt werden muss.
2. Stelle einen Timer auf 25 Minuten.
3. Arbeite fokussiert an der ausgewählten Aufgabe, bis der Timer abgelaufen ist.
4. Mache eine 5-minütige Pause.
5. Wiederhole diese Schritte viermal, bevor du eine längere Pause von etwa 30 Minuten einlegst.

Während der Arbeitsphasen ist es wichtig, dass du dich auf die ausgewählte Aufgabe konzentrierst und Ablenkungen vermeidest – leg also unbedingt das Handy weg. In der Pausenzeit kannst du dich dann erholen, dich beispielsweise dehnen, ein paar Schritte gehen oder einen Tee genießen. Bediene dich gerne deiner Energiespender!

## So wendest du sie an

Die Pomodoro-Technik kann in vielen Bereichen im Alltag angewendet werden. Ideen gefällig?

- **Bei der Arbeit:** Die Pomodoro-Technik kann helfen, die Konzentration und Produktivität zu steigern, insbesondere wenn du an einem Projekt arbeitest, das viel Zeit und Energie erfordert.
- **Im Studium:** Durch die Aufteilung des Lernens in kurze Intervalle kannst du dich besser konzentrieren und das Gelernte besser behalten.
- **Bei der Hausarbeit:** Die Methode kann auch für die Erledigung von Hausarbeiten wie Putzen oder Aufräumen verwendet werden, indem man sich für 25 Minuten auf eine oder mehrere kleine Aufgaben konzentriert und sich dann für 5 Minuten ausruht.

| | | |
|---|---|---|
| Arbeitseinheit 1: | | **25 Minuten** |
| Pause | → | **5 Minuten** |
| Arbeitseinheit 2: | | **25 Minuten** |
| Pause | → | **5 Minuten** |
| Arbeitseinheit 3: | | **25 Minuten** |
| Pause | → | **5 Minuten** |
| Arbeitseinheit 4: | | **25 Minuten** |
| Pause | → | **30 Minuten** |

## TOOL 3: DAS PARETO-PRINZIP

Stell dir vor, du hast nur noch 30 Minuten Zeit zum Aufräumen, bevor ein spontan angekündigter Besuch vor der Tür steht. Allerdings sieht dein Zuhause so aus:

Du möchtest schnell noch etwas Ordnung schaffen. Was würdest du nun also in diesen 30 verbleibenden Minuten tun, bis der Besuch da ist? Du würdest vermutlich nicht das Fenster putzen, das Bett neu beziehen oder den Papierkram sortieren und weghefte‍n. Viel wahrscheinlicher würdest du zuerst alle Dinge vom Boden wegräumen, alle Klamotten in die Waschmaschine schmeißen und das schmutzige Geschirr in die Spülmaschine stellen. Und mit diesem Vorgehen hast du bereits gemäß des Pareto-Prinzips gehandelt.

## So wendest du es an

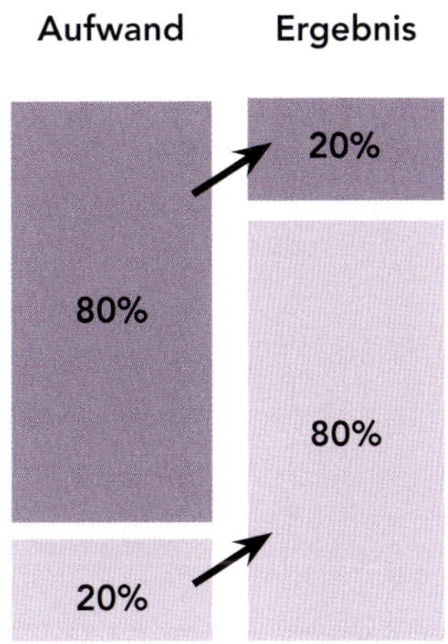


Was hast du getan? Du hast versucht, in den 30 Minuten die Sachen zu erledigen, die den größten Effekt auf das haben, was du erreichen möchtest: ein »ansehnliches« Zuhause. Und die Dinge, die den größtmöglichen Effekt erzielen, sind garantiert nicht ein geputztes Fenster oder gebügelte Blusen, sondern eher Dinge, die zu einem ordentlichen Bild beitragen wie eben ein aufgeräumter Fußboden und freie Oberflächen. Genau diesen Sachverhalt beschreibt das Pareto-Prinzip. Es bedient sich dem Ungleichgewicht von Aufwand und Ergebnis. Konkret lautet es so: 20 Prozent des Aufwands sind für 80 Prozent des Ergebnisses verantwortlich. Anders ausgedrückt: Du kannst mit wenigen, gezielten Anstrengungen einen Großteil des Ergebnisses erreichen.
Hinweis: Sieh die Prozentzahlen nicht so eng. Insgesamt geht es um das Ungleichgewicht von Aufwand und Ergebnis.
Das Pareto-Prinzip lässt sich übrigens in unzählige Bereiche übertragen:

- Viele Firmen erzielen 80 Prozent ihres Umsatzes mit 20 Prozent ihrer Produkte.
- 80 Prozent deiner Handynachrichten gehen an 20 Prozent deiner Kontakte.
- Oder eben: Mit gezielten 20 Prozent Zeitaufwand beim Aufräumen wirkt der Raum im Gesamtbild schon 80 Prozent ordentlicher.

### Und wie geht es dann weiter?

Angenommen, dein Besuch ist wieder weg und du möchtest die Wohnung wirklich perfekt sauber haben – zu 100 Prozent. Vielleicht ahnst du es schon: Verglichen mit deiner spontanen 30-minütigen Aufräumaktion musst du nun für das restliche Ergebnis eine Menge Mehraufwand investieren, damit die Wohnung von oben bis unten blitzeblank ist.

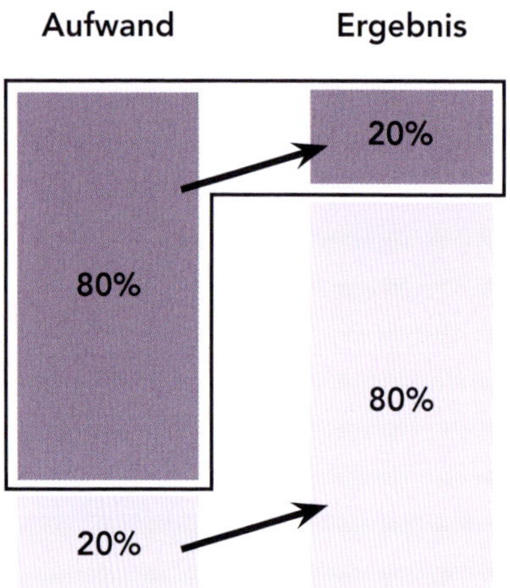


Oberflächliche Ordnung herrscht ja bereits, ein perfektes Ergebnis erzielst du aber nur, wenn du eben noch die Fenster putzt, die Vorhänge wäschst, alle Schränke aufräumst, den Kühlschrank auswischst, das Bett neu beziehst …
Und diese Dinge kosten dich bei Weitem mehr Zeit, obwohl sie im Endeffekt nicht mehr so viel zum optischen Ergebnis beitragen.
Wir befinden uns also genau in dem in der Grafik markierten Bereich: Du musst 80 Prozent des Gesamtaufwands investieren, um ein 20 Prozent besseres optisches Ergebnis on top zu bekommen. Klingt niederschmetternd? Finde ich auch. Deshalb habe ich noch einen letzten Tipp für dich: Versuche dich immer zuerst auf die Dinge zu konzentrieren, die den größten Beitrag zum Gesamtergebnis leisten. So bleibst du fokussiert und verlierst dich nicht in Perfektionismus. Denn der kann uns ganz schön von den eigentlich wichtigen Tätigkeiten ablenken. Prüfe anschließend, bei welchen Dingen wirklich ein perfektes Ergebnis nötig ist. Wir verrennen uns viel zu leicht in Kleinigkeiten, um ein vermeintlich perfektes Ergebnis zu erzielen, wo es gar nicht so wichtig ist.

# DU BIST DRAN!

*Diese Übung hilft dir dabei, das Gelesene direkt zu verfestigen und praktisch anzuwenden. Nimm dir eines deiner anstehenden Projekte vor, schnapp dir einen Notizzettel und überlege, mit welchen 20 Prozent deiner Zeit und deines Aufwands du 80 Prozent des Ergebnisses erreichen kannst.*

Bei diesem Vorhaben wende ich das Pareto-Prinzip an:

Das sind meine Aufgaben:

Folgende Aufgaben bedeuten 20 Prozent Aufwand und tragen zu 80 Prozent des Ergebnisses bei:

Folgende Aufgaben bedeuten 80 Prozent Aufwand und tragen zu 20 Prozent des Ergebnisses bei:

# AUFSCHIEBEN WAR GESTERN!

Herzlichen Glückwunsch! Du kannst stolz auf dich sein, dass du dieses Buch bis zu dieser Stelle gelesen und vielleicht sogar durchgearbeitet hast. Ich hoffe, du konntest ganz viel für dich mitnehmen und hast nun viele neue Impulse, Inspirationen und Tipps zum Ausprobieren an der Hand. Wir sind nun am Ende angekommen und ich möchte dir noch ein paar Worte mit auf den Weg geben.

»Ich schaff's nicht …«

»So geht's.«

*»Zu merken, wie man Stück für Stück das Aufschieben hinter sich lässt, ist wie ein Befreiungsschlag. Erst sind die Veränderungen klein und kaum zu bemerken, doch irgendwann fällt es einem wie Schuppen von den Augen, welch große Fortschritte man gemacht hat. Das Gefühl von ›Ich kann alles schaffen, denn ich weiß nun, wie ich mich dazu bringen kann‹ ist unbeschreiblich motivierend.«*

Emilia, 30 Jahre, freiberufliche Journalistin aus Kiel

## ICH WÜNSCHE MIR FÜR DICH …

… dass du Freude daran findest, die Tipps aus diesem Buch Stück für Stück aktiv in deinen Alltag zu integrieren. Probiere unterschiedliche Dinge eine Weile für dich aus und habe vor allem Spaß daran, Dinge mal anders zu tun als sonst. Genieße diesen Veränderungsprozess! Stell dir vor, wie toll es sein wird, wenn du all das, was du dir vornimmst, wirklich in die Tat umsetzt. Was könntest du alles erreichen? Was würde sich zum Positiven verändern? Und wie großartig wirst du dich erst anschließend fühlen?

Eine wichtige Sache möchte ich dir noch mit auf den Weg geben: Lass dich nicht entmutigen, wenn mal etwas nicht auf Anhieb so klappt, wie du es dir vorgestellt hast. Ich weiß, dass wir gerne nach einer Art »Wunderpille« suchen, die von heute auf morgen alles besser macht. Doch die gibt es nicht, auch nicht beim Thema Aufschieben. Sieh es einmal so: Aufschieben ist eine Verhaltensweise, die wir meist über einen ziemlich langen Zeitraum hinweg erlernt haben und immer und immer wieder als Strategie zur Bewältigung verschiedenster Emotionen angewandt haben. Da ist es doch auch nicht wirklich verwunderlich, dass wir diese Strategie erst einmal wieder verlernen müssen. Wenn sich das Aufschieben also bei dir einige Monate oder sogar Jahre als Verhaltensweise eingeschliffen hat, ist es nur allzu verständlich, dass es nicht von heute auf morgen komplett verschwunden sein wird.

Bleib also realistisch-optimistisch und lass dich auf deinem Weg von Rückschlägen nicht entmutigen. Und vor allem: Lass dich nicht von deinem eigenen Perfektionismus und den hohen Ansprüchen an dich selbst zurückhalten. Gehe einen Schritt nach dem anderen. Denn eines kann ich dir aus Erfahrung berichten: Die Fortschritte in unserer Vorstellung entsprechen selten denen, die wir (alle!) in der Realität machen.

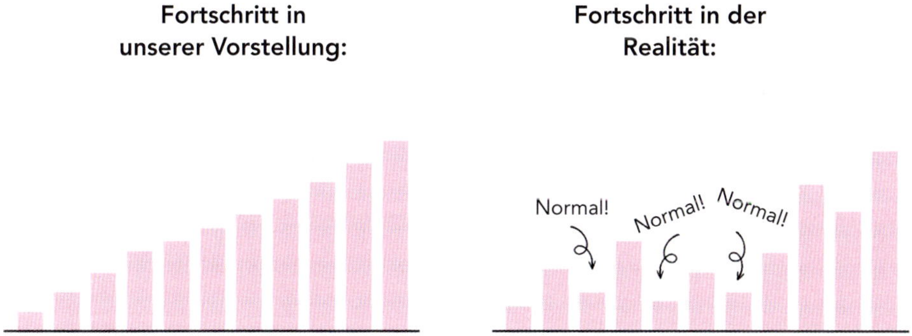


Es ist so unglaublich wichtig, Geduld und Selbstmitgefühl zu haben. Arbeite stets *mit* dir statt *gegen* dich. Sei nicht zu hart zu dir selbst, wenn du hin und wieder in alte Gewohnheiten zurückfallen solltest. Das ist ein ganz normaler Prozess und Bestandteil jeder Veränderung. Nimm es an, richte den Fokus neu aus (vielleicht auch, indem du dir dieses Buch noch mal zur Hand nimmst) und feiere jeden Fortschritt, egal wie klein er sein mag. Denn die Richtung zählt! Und dafür wünsche ich dir alles Gute!

Auch wenn der beste Tag
zum Anfangen vielleicht
gestern gewesen wäre …

Der zweitbeste
ist heute.

## ÜBER DIE AUTORIN

Monique Bogdahn lebt mit ihrer Familie im Allgäu und beschäftigt sich schon seit vielen Jahren intensiv mit den Themen Aufschieben, Zeitmanagement und Organisation. 2020 beschloss sie, ihr Wissen und ihre eigenen Erfahrungen auf ihrem Instagram-Kanal @aufschieben.war.gestern mit anderen Menschen zu teilen. Seitdem hilft sie ihren knapp 100 000 Followerinnen und Followern und ihren über 3000 Kundinnen und Kunden erfolgreich dabei, sich im Alltag besser zu strukturieren und endlich das umzusetzen, was sie sich vorgenommen haben.
Alle Infos zu Onlinekursen, Planungsvorlagen und Produkten der Autorin:
**www.aufschiebenwargestern.de/produkte**

# IMPRESSUM

QUALITÄTS G|U GARANTIE

**LIEBE LESERINNEN UND LESER,**
wir wollen Ihnen mit diesem Buch Informationen und Anregungen geben, um Ihnen das Leben zu erleichtern oder Sie zu inspirieren, Neues auszuprobieren. Wir achten bei der Erstellung unserer Bücher auf Aktualität und stellen höchste Ansprüche an Inhalt und Gestaltung. Alle Anleitungen und Rezepte werden von unseren Autoren, jeweils Experten auf ihren Gebieten, gewissenhaft erstellt und von unseren Redakteur*innen mit größter Sorgfalt ausgewählt und geprüft.

Haben wir Ihre Erwartungen erfüllt? Sind Sie mit diesem Buch und seinen Inhalten zufrieden? Wir freuen uns auf Ihre Rückmeldung. Und wir freuen uns, wenn Sie diesen Titel weiterempfehlen, in Ihrem Freundeskreis oder bei Ihrem Online-Kauf.

Sollten wir Ihre Erwartungen so gar nicht erfüllt haben, tauschen wir Ihnen Ihr Buch jederzeit gegen ein gleichwertiges zum gleichen oder ähnlichen Thema um.

**KONTAKT ZUM LESERSERVICE**
GRÄFE UND UNZER VERLAG
Grillparzerstraße 8
81675 München
www.gu.de



G|U

GU ist eine eingetragene Marke der GRÄFE UND UNZER VERLAG GmbH, www.gu.de

ISBN 978-3-8338-9010-9
5. Auflage 2025



Projektleitung: Viola Schmid
Lektorat: Silke Panten
Bildredaktion: Simone Hoffmann
Umschlaggestaltung: ki36 Editorial Design, München, Katja Wohnrath
Herstellung: Felix Robitsch
Satz: Christopher Hammond
Reproduktion: Repro Ludwig, Zell am See
Druck und Bindung: Drukarnia Dimograf Sp. z o.o. (Polen)

Umwelthinweis:
Nachhaltigkeit ist uns sehr wichtig. Der Rohstoff Papier ist in der Buchproduktion hierfür von entscheidender Bedeutung. Daher ist dieses Buch auf PEFC-zertifiziertem Papier gedruckt. PEFC garantiert, dass ökologische, soziale und ökonomische Aspekte in der Verarbeitungskette unabhängig überwacht werden und lückenlos nachvollziehbar sind.

Bildnachweis:
Cover- und Innenteil-Illustrationen: GU/Judy Kaufmann/Kombinatrotweiss
Canva.com: S. 20, 32, 126; iStockphoto: S. 97, 98, 100, 102, 116, 118; privat: S. 127

Syndication:
Bildagentur Image Professionals GmbH, Tumblingerstr. 32, 80337 München
www.imageprofessionals.com

Wichtiger Hinweis
Die Gedanken, Methoden und Anregungen in diesem Buch stellen die Meinung bzw. Erfahrung der Verfasserin dar. Sie wurden von der Autorin nach bestem Wissen erstellt und mit größtmöglicher Sorgfalt geprüft. Sie bieten jedoch keinen Ersatz für persönlichen kompetenten medizinischen Rat. Jede Leserin, jeder Leser ist für das eigene Tun und Lassen auch weiterhin selbst verantwortlich. Weder Autorin noch Verlag können für eventuelle Nachteile oder Schäden, die aus den im Buch gegebenen praktischen Hinweisen resultieren, eine Haftung übernehmen.